Sonia Iglesias y Cabrera

Tradiciones Populares Mexicanas

SELECTOR®
actualidad editorial

SELECTOR®
actualidad editorial

Doctor Erazo 120, Col. Doctores, C.P. 06720, México, D.F.
Tel. (01 55) 51 34 05 70 • Fax (01 55) 51 34 05 91
Lada sin costo: 01 800 821 72 80

Título: Tradiciones Populares Mexicanas

Autora: Sonia Iglesias y Cabrera

Colección: Literatura Juvenil

Diseño de portada: Socorro Ramírez Gutiérrez

Crédito de fotografía: Istockphoto

D.R. © Selector, S.A. de C.V., 2011
  Doctor Erazo 120, Col. Doctores,
  Deleg. Cuauhtémoc,
  C.P. 06720, México, D.F.

ISBN: 978-607-453-087-2

Primera edición: febrero 2011

Sistema de clasificación Melvil Dewey

860M
I59
2011

  Iglesias y Cabrera, Sonia
  Tradiciones Populares Mexicanas / Sonia Iglesias y Cabrera.–
  Ciudad de México, México: Selector, 2011.

  256 pp.

  ISBN: 978-607-453-087-2

  1. Literatura mexicana. 2. Tradiciones de México.

Índice

Artículos publicados en el Suplemento Cultural Letras, del periódico *Cambio de Michoacán*.

I
¿Cuáles fueron los mercados del virreinato?

En el año de 1523, dos después de la caída de la ciudad mexica de México-Tenochtitlan, dio comienzo la traza de la ciudad hispana. El trabajo quedó a cargo de Alonso García Bravo, quien ya se había ocupado de diseñar otras ciudades, como la Villa Rica de la Vera Cruz. El trazado de la ciudad era indispensable por varias razones. Una de éstas era la separación que considerábase debía existir entre la población española y la indígena. La primera tenía necesidad de aglutinarse para defenderse de cualquier ataque de que pudiera ser objeto por parte de los naturales. Además, la separación facilitaba a los frailes el proceso de evangelización entre los indígenas.

La forma que tomó la nueva ciudad fue la de un cuadrado; dentro se asentaban las casas de los españoles, afuera se encontraban las chinampas de los indios. Alrededor del cuadrado estaba una serie de zanjas que iban de norte a sur y de oriente a poniente. En los ángulos del cuadrado estaban las cabeceras de los barrios indígenas, cuyos nombres eran: Santa María Cuepopan, San Juan Moyotlan, San Sebastián Atzacoalco y San Pablo Teopan.

La ciudad empezaba a construirse poco a poco. En los planos de edificación se marcaban las calles, las plazas, las casas-habitación, el cabildo, la picota, la horca, la carnicería y la fundición. Según Diego López Rosado en su libro *Los mercados de la ciudad de México,* en el año de 1525 México contaba con 186 hectáreas y tenía alrededor de "30 mil habitantes en 104 manzanas irregulares, 18 calles de norte a sur y 7 de oriente a poniente, más siete plazas bien definidas dentro de la traza. La ciudad española había heredado el carácter lacustre de la tenochca: por los cuatro puntos cardinales la limitaba el gran lago de México. Las exigencias de la nueva urbanización empezaron a modificar las calles anfibias, reduciendo la altura de los canales cuya utilidad facilitaba el abastecimiento y la comunicación".

El tianguis de Juan Velázquez

Una vez establecida el primer trazado, hacia el año de 1523, había ya un centro de abasto en la parte oeste. Fue el primer mercado que conoció la ciudad hispana. Se trataba del mercado de Juan Velázquez, localizado en el terreno donde más adelante se construyó el convento de Santa Isabel y donde en la actualidad se encuentra el Palacio de Bellas Artes. En su época se le conocía como el tianguis de Juan Velázquez, en honor a un famoso y querido cacique indígena.

No se sabe con exactitud cómo era este mercado, pero es de suponer que se trataba de un terreno, quizá no muy grande, donde se ponían puestos de los llamados *sombras.* Consistían las tales sombras en armazones de palo o vara que sostenían una manta o petate para protegerse del sol. Bajo el techado se colocaban los objetos para su venta.

En este primer mercado se vendían las mercancías que provenían de lo que los indígenas cultivaban o fabricaban y que servían casi de manera exclusiva para que los mismos indios se abastecieran de artículos tales como piedra, cal, madera, camisas, lana, cerámica, molcajetes, maíz, tamales, chía, petates, velas, antorchas, plantas medicinales, carbón, incienso, tabaco y otros muchos más. Los indios que vendían sus productos en este mercado estaban exentos del pago de la alcabala, siempre y cuando los artículos fueran fabricados por ellos mismos.

El mercado de la Plaza Mayor

A la par que el mercado antes citado, donde por orden del Cabildo, emitida en 1528, se prohibía que cualquier español comerciara en él —orden que no se cumplía, ya que tanto españoles como negros y mulatos compraban mercancías que luego revendían y dieron origen a la regatonería—, existía otro que se suponía de uso exclusivo de los españoles. Se llamaba mercado de la Plaza Mayor, situado dentro de la traza de la ciudad.

Este mercado de la Plaza Mayor se creó a raíz de que los de Tenochtitlan y Tlatelolco dejaron de funcionar al ser destruidas tan importantes ciudades. Las mercancías que lo surtían llegaban a las cercanías, a las orillas del lago, por la Acequia Real, lo cual era muy conveniente para el comercio. Además, dentro de la casa del Cabildo estaba instalada la carnicería que surtía a la nueva ciudad virreinal. Esta casa se encontraba en el lugar que hoy ocupa el más viejo de los edificios del gobierno de la ciudad de México.

Fue así que, poco a poco, la Plaza se convirtió en el centro de la actividad comercial; tan próspera era tal actividad que las autoridades pensaron en la posibilidad de crear portales para que los vendedores se protegiesen del sol y de las inclemencias del tiempo. A los propietarios de los terrenos que se ubicaban al poniente de la Plaza se les regalaron varios metros más, con la condición de que ahí edificasen unos portales donde se instalaran los comerciantes que se encontraban dispersos. El primero que se hizo fue el portal de Mercaderes, al cual siguió el portal de las Flores —situado frente a la casa del Cabildo—, dedicado a la venta de las flores procedentes de Xochimilco.

El mercado, pequeño en un principio, creció hasta formar un conjunto desbordante de puestos de sombra y "cajones" de madera. Eran tantos, que llegaban a invadir los patios del Palacio Virreinal. En 1658 se registró un incendio en los puestos del mercado que, aunque no fue de grandes consecuencias, perjudicó a muchos de los comerciantes ahí apostados.

En el mes de junio de 1692 tuvo lugar un tumulto contra el conde de Gálvez. El movimiento trajo como consecuencia que se quemaran 280 cajones. Se iniciaron de inmediato los trabajos de reconstrucción, pero no hubo suficiente capital para ello. No fue sino hasta el 30 de diciembre de 1694 cuando, por Cédula Real, se ordenó que se reiniciasen los trabajos del nuevo mercado de la Plaza Mayor. La obra se inició en 1695 y se terminó en septiembre de 1703.

El mercado de San Hipólito

En los primeros tiempos de la Colonia, cuando todavía quedaban algunos de los mercados prehispánicos, éstos mantuvieron su propia estructura y sus antiguos jueces; pero cuando apareció el mercado de San Hipólito, las autoridades modificaron la parte administrativa y pusieron alguaciles españoles. Este mercado se encontraba muy cerca de la Alameda. Era un tianguis de carácter temporal que se ponía los miércoles y los jueves. Se trataba de un mercado de mucho comercio y movimiento. Su ubicación exacta no se conoce; sin embargo, parece ser que se encontraba entre el templo de San Juan Hipólito (de allí su nombre) y el de San Diego. Su duración fue relativamente corta, pues desapareció en el año de 1571, cuando en el predio que ocupaba se construyó el quemadero de la inquisición de San Diego.

El mercado del Baratillo

Después del incendio del mercado de la Plaza Mayor, y antes de su reconstrucción, la plaza siguió siendo sede de puestos y cajones cuya distribución formaba especies de calles por donde la gente transitaba. Hacia el frente de Catedral había puestos mal hechos y feos que integraban lo que se conocía como el Baratillo.

En un principio, en dicho lugar la gente pobre vendía y compraba las cosas que necesitaba. Ahí se encontraba lo usado, lo viejo o aquello que por su baja calidad no era posible venderlo en otro lado. Como es natural, fue convirtiéndose en un lugar donde se vendían cosas robadas, cuya consecuencia fue que sirviese de refugio a ladrones y timadores.

El rey de España, por Cédula Real dirigida al virrey conde de Gálvez, el 10 de septiembre de 1689, prohibió el comercio en el Baratillo. Sólo a los indígenas que vivían de la venta honesta se les permitió el comercio de sus mercancías en lugares autorizados y ciertos días a la semana. Pero, a pesar de las disposiciones oficiales, continuó la venta ilegal y el Baratillo se conservó en la placita central del mercado principal. Y no sólo se mantuvo, sino que su ejemplo cundió y surgieron baratillos en otros mercados y plazas. Para acabar con su existencia se publicaron bandos oficiales y se estableció la pena de muerte para aquellos que siguieran comerciando en él; no obstante, todo fue inútil y continúo por mucho tiempo.

El mercado de El volador

La Plaza de El volador estaba situada en terrenos que pertenecieron a Hernán Cortés, por regalo del rey Carlos V. Sus descendientes los vendieron a las autoridades españolas en 1562 para que se construyese en ellos el palacio de los virreyes, la Universidad y la Plaza de El volador, cuyo nombre se debió al hecho de que, en ese sitio, los indios llevaban a cabo el rito de los Caballeros Águilas y descendían en 52 vueltas desde lo alto de un mástil. Este ritual perduró en los primeros años de la Colonia.

A partir del 9 de julio de 1624, los terrenos empezaron a funcionar como plaza a la cual se le daban diferentes usos. Por ejemplo, ahí se verificó el Auto General de Fe de la Inquisición de Nueva España, el 11 de abril de 1649. Ya por la misma fecha acudían los comerciantes a vender sus productos de manera informal. También se utilizó como coso, donde se efectuaban las corridas de toros, previo desalojo de los comerciantes y construcción en madera de una pequeña plaza de toros. A estas corridas acudían los virreyes con su corte, ocupaban las primeras filas y presenciaban las suertes mientras comían golosinas y pastelillos. Como el coso quedaba cerca de palacio, en muchas ocasiones los virreyes veían las corridas desde sus balcones. El 2 de enero de 1659, el virrey Güemes ordenó que la plaza fuera ocupada por las panaderas (indias que vendían el pan en canastas), los fruteros y los tocineros que habían ocupado hasta entonces el centro de la Plaza Mayor. Pasado el tiempo, en 1791, el conde de Revillagigedo mandó despejar la plaza y el patio de palacio de los comerciantes que la invadían y pensó en la posibilidad de crear un mercado que los albergara. Para llevar al cabo el proyecto, se construyeron cajones de anverso y reverso, además de algunos tinglados. Los cajones tenían la particularidad de tener ruedas, lo cual permitía su fácil desplazamiento.

A punto de ser inaugurado el mercado de El volador, Revillagigedo mandó elaborar un reglamento que sirvió de base para la administración de los demás mercados. En éste se asignaban los lugares y precios de los puestos, los artículos de venta, los salarios de los empleados y las funciones del administrador, alguaciles y guardas; además de las medidas apropiadas para su funcionamiento, limpieza y seguridad.

El traspaso de puestos se prohibía, así como colocarse en la plaza, hacer hogueras y cualquier tipo de fuego que amenazara la seguridad. Por tal razón no había cocinas dentro de El volador, aun cuando en las accesorias aledañas podía encontrarse comida preparada. Asimismo, la luz de los faroles debía cubrirse con vidrio y no con papel, como era usual.

Tanto los cajones como los puestos fijos y las casillas debían ser barridos con regularidad, a fin de mantener una escrupulosa limpieza. El horario también se especificaba en el reglamento. El mercado se abría al amanecer y se cerraba a la hora de la retreta. Se prohibía con toda claridad que hubiera gente parada en las puertas estorbando el paso. Los comerciantes de dulces, frutas y demás comestibles no debían colocarse en banquetas, calles o enlosados; sin embargo, sí se permitía vender en los zaguanes de las casas. No podía venderse cierta clase de bebidas ni comestibles perjudiciales a la salud por su mala calidad o por su "mala sazón".

No escapa prácticamente nada a este sorprendente documento novohispano, ya que incluso se hace mención acerca del comportamiento de la concurrencia. El punto 19 aclara que el juez de plaza "no tolerará que las gentes se digan desvergüenzas, ni se susciten alborotos, corrigiendo prontamente a los delincuentes".

La función de las autoridades del mercado es descrito con tal detalle que lo mismo se especifica su obligación de revisar los pesos y medidas, su salario y su vestuario, como su ubicación en el mercado. Tales autoridades eran el juez de plaza, el administrador, el mayordomo y los guarda-ministros.

Por desgracia, a pesar de las medidas tomadas y expresadas en el reglamento, la noche del 9 de octubre de 1793, El volador se incendió. Los puestos que lograron salvarse se trasladaron al cementerio de Catedral, a fin de llevar a cabo una corrida de toros en honor del virrey don Miguel José de Azanza. Así, el mercado decayó sobremanera, aunque no desapareció del todo.

El Parián

Como consecuencia del incendio del Mercado Principal y de algunas dependencias aledañas ocasionado por el tumulto de 1692, se originó un fuerte conflicto económico, ya que el ayuntamiento perdió una fuente de ingresos considerable. Este hecho obligó a las autoridades a dirigirse al rey para pedirle ayuda y poder reconstruir el mercado. Con algunas modificaciones propuestas por los mercaderes se inició la reconstrucción que daría lugar al nacimiento de otro mercado colonial. Así, en el año de 1703, Nueva España inauguraba, con grandes festividades, El Parián, tras abandonar para siempre el Mercado Principal. El nombre del nuevo mercado se debió a que guardaba mucha semejanza con uno sito en Manila, de igual nombre. Los artículos que se vendían eran, en su gran mayoría, de gran lujo. Provenían de Oriente a bordo de la nao de China. Pronto se convirtió en el sitio de reunión y diversión de las personas que acudían atraídas por la novedad del espléndido mercado. A los mercaderes que vendían en El Parián se les puso el epíteto de "gremio de los chinos", "tratantes de Filipinas" o simplemente, "filipinos"

Se trataba de un mercado de gran lujo, al cual acudían las clases de mayores recursos a comprar las exquisitas mercancías que se traían de España, China y Manila. En los pequeños locales de El Parián podían obtenerse alhajas, seda, loza, vajillas, perfumes, cosméticos, listones, muebles, ropa, telas y mil objetos más que eran consumidos por la elite de la sociedad.

Comprendía El Parián dos edificios con tiendas a los lados y una calle de por medio. Las ventanas de los cajones que daban al exterior tenían rejas de hierro. Los compradores podían entrar por ocho puertas: tres daban al Sur, tres al Norte, una al Poniente y otra al Oriente. En el centro había cuatro manzanas de cajones. Hacia el lado oriente se encontraban los cajones de frutas, verduras, carne y semillas. A esta sección acudían personas de todas las clases sociales, toda vez que se trataba de artículos de primera necesidad.

El Parián fue víctima de saqueo e incendio el 4 de diciembre de 1828, cuando ocurrió el motín de la Acordada, promovido por los partidarios de Lorenzo de Zavala, quienes tomaron la cárcel de la Acordada y alebrestaron a la gente para luchar contra el presidente electo Manuel Gómez Pedraza y brindar apoyo a Vicente Guerrero. El tumulto se efectuó al grito de "¡Viva Guerrero y Lobato y viva lo que arrebato!" Después de esta tragedia, el mercado continuó en funcionamiento con algunos puestos y con el esplendor perdido. El 27 de junio de 1843, el general Antonio López de Santa Anna ordenó que fuese demolido. Así terminó uno de los más importantes, elegantes y bellos mercados de México.

II
Las miniaturas
en el arte popular

¿Qué es la miniatura?

Una opinión muy generalizada entre los estudiosos del arte popular mexicano consiste en considerar a la miniatura como la expresión más bella y delicada de todas nuestras manifestaciones artesanales. En cierto sentido, lo anterior es verdad, ya que es un hecho irrefutable que se requiere mayor destreza y maestría para ejecutar piezas de diminutas dimensiones que aquellas que se necesitan para elaborarlas de mayor tamaño. Es por ello que la miniatura mexicana goza de tan alto prestigio.

La miniatura es un objeto pequeño que representa a uno mayor. Sin embargo, aquí cabe una interrogante: ¿cuán pequeño? A este respecto, los investigadores no han llegado a un acuerdo total. Algunos incluso llegan a hablar de medidas y determinan que para que un objeto sea una miniatura debe medir 1.33 centímetros, aunque las haya de menor tamaño. En realidad definir las medidas que debe tener una miniatura es tarea ardua y, tal vez, sin importancia, ya que nunca se llegaría a un acuerdo satisfactorio para todos. Veamos algunas de las artesanías más destacadas de nuestro arte popular

Las miniaturas-juguetes o de función lúdica

Los juguetes elaborados en pequeñas dimensiones han desempeñado una función muy importante en el proceso de socialización del niño por medio del juego en el cual los emplea. En efecto, es mediante los juegos que los niños aprenden a desempeñar los futuros roles que les serán asignados en su inserción en el mundo de los adultos, mismos que estarán condicionados por el sexo, la clase social y la etnia a la cual pertenezcan. Así, las niñas, a muy temprana edad, empiezan a jugar a la comidita y a la casita, juegos que requieren utensilios específicos, como trastecitos y mueblecitos que los artesanos producen con materiales muy variados. Por su parte, los niños se preparan para su vida de adulto cuando juegan a la tiendita, los cochecitos, el doctor y a otros juegos que se suponen propios del sexo masculino.

Luego entonces, es factible decir que las miniaturas-juguete son la reproducción en pequeño de aquellos objetos de uso diario que los adultos emplean en actividades productivas y domésticas, y cuya función es principalmente lúdico-didáctica, puesto que permite al niño entrenarse al tiempo que se introduce en el aprendizaje de ciertos utensilios y patrones culturales.

Las miniaturas juguetes son el resultado de la experiencia y los conocimientos de muchos siglos de evolución cultural. En su origen se conjugan elementos indígenas, europeos y asiáticos, modificados y enriquecidos gracias a los cambios que conlleva el desarrollo social y los continuos avances que afectan su producción. Se elaboran con la inventiva de las manos creadoras de hombres y mujeres artesanos de todo el país. Casi todas las comunidades crean miniaturas, desde el norte hasta el sur del territorio mexicano. Para fabricarlas se utiliza gran variedad de materiales, tantos como cada región tiene a su alcance.

Las técnicas e instrumentos empleados responden a las necesidades específicas del tipo de manufactura del juguete que se elabora. Las técnicas se guardan con celo para continuar un conocimiento ancestral que se transmite de padres a hijos; aunque esta costumbre resulte cada vez más utópica ante cierta resistencia de los jóvenes a continuar con la tradición paterna, misma que casi siempre se fundamenta en factores económicos y de estatus.

Los juguetes-miniaturas tradicionales se elaboran en talleres familiares y en microtalleres. La mayoría de las veces un solo artesano es el encargado de elaborar una pieza de principio a fin; aun cuando en algunas ocasiones pueda existir cierta división del trabajo. Corre a cargo de los mismos artesanos la venta de su producción. Los artículos se venden en sus talleres, en las calles y mercados de los pueblos o bien, los artesanos llevan sus productos a casas comerciales dedicadas a la venta de artesanías.

Las miniaturas y sus funciones rituales

Como ya se ha dicho, existen miniaturas meramente ornamentales y otras que se emplean como juguetes, pero no podemos olvidarnos de aquellas que cumplen una función de carácter ritual. Tal es el caso de las miniaturas que forman parte de diversas festividades del calendario católico, de las que se emplean en peticiones de favores a Dios, la Virgen y los santos y en algunas creencias relacionadas con la magia y la brujería. Veamos ahora algunos usos de las miniaturas rituales.

Las miniaturas de Corpus Christi

La fiesta de Corpus Christi es una de las celebraciones más antiguas de México. Ya para el año de 1526 los cronistas dan testimonio de su existencia, hecho que implica que llegó a estas tierras en época muy temprana, gracias a los frailes evangelizadores.

En España, a finales del siglo xv, la fiesta de Corpus Christi se había convertido en el símbolo supremo del catolicismo, pues conmemoraba el sacramento de la santa eucaristía. La celebración fue instituida por el papa Urbano IV en 1264 y, por disposición de Juan XXII se agregó la organización de la procesión eucarística. En la península ibérica, las primeras procesiones de Corpus se efectuaron en Cataluña y Valencia el jueves siguiente a la octava de pentecostés; es decir, cincuenta días después de la pascua del cordero.

En México, la primera procesión fue organizada por el Cabildo de la ciudad. Salía de la Catedral Metropolitana por la puerta poniente; a la cabeza iba el arzobispo con la santa eucaristía y lo seguían el clero, las órdenes religiosas, el virrey, las autoridades, las cofradías, el ejército, los gremios y el pueblo en general; todos recorrían los barrios centrales de la ciudad. Era imprescindible que antes de la procesión se llevase a cabo una solemne misa. Aparte de la procesión de carácter netamente religioso, la celebración de Corpus propiciaba una verbena en la cual se efectuaban peleas de gallos, mascaradas, corridas de toros, cantos ejecutados por intérpretes populares y demás entretenimientos de la época. Asimismo, se aprovechaba la ocasión para presentar autos sacramentales en el atrio de la Catedral, mismos que servían para adoctrinar a los recién conquistados indígenas.

Aprovechando que había tanta gente reunida —la mayoría estrenaba ropa, como era de rigor—, los comerciantes y artesanos acudían a vender sus productos que consistían en dulces, pan, fruta, verduras, agua de sabores, pulque, alguno que otro antojito y artesanías de toda índole. Para transportar las mercancías a la Plaza Mayor, hoy nuestro Zócalo, muchos de los vendedores usaban recuas de mulas y los indígenas, de menores recursos económicos, las llevaban en huacales que colgaban a sus espaldas.

Con el transcurso del tiempo la costumbre cambió, la procesión se perdió y los indígenas se convirtieron en niños vestidos de inditos, que los simbolizaron, y a cuyo atuendo agregaron un pequeño huacal con trastes en miniatura: ollas, cazuelas, petates, molcajetes, metates y cucharas. A su vez, las recuas derivaron en mulitas hechas con hoja de maíz, de plátano o tule, a las cuales se les pusieron patas de madera y huacales con frutas y flores. Junto a estas mulitas, que pueden llegar a medir hasta sesenta centímetros, se fabrican otras, que son miniaturas de las grandes, hechas de *totomoxtle,* patas de palillos, huacal de pasta de caracol y chochitos decorativos. Estas mulitas son muy pequeñas y funcionan como amuletos que ayudan a tener prosperidad y bonanza durante todo el año.

Las miniaturas del 2 de febrero, Día de la Candelaria

Este día se celebra la purificación de la Virgen María y la presentación del Niño Jesús en el templo de Jerusalén. La festividad se inició en dicha ciudad, en el siglo IV, y pronto se extendió por todos los países de la zona que contaban con seguidores del cristianismo. Cuando el festejo llegó a Roma, se incluyeron la letanía y la procesión como parte del ritual. Más adelante, en el siglo IX, la fiesta se enriqueció con la ceremonia de la bendición de las candelas, de donde proviene el nombre de Día de la Candelaria.

Aquella persona que en la merienda del día 6 de enero se sacó el muñequito de la Rosca de Reyes, símbolo del Niño Dios, tiene como obligación ser el padrino del niño el Día de la Candelaria y debe vestir al infante. A fin de efectuar bien su tarea, acude al auxilio de las vestidoras de niños: mujeres artesanas que se dedican a tal menester y quienes suelen anunciar su trabajo por medio de letreros que colocan en las ventanas o puertas de su casa y que rezan: "Se visten Niños Dios" o "Se visten niñitos de rosca". Así, el niñito de la rosca, el cual no mide más de cuatro centímetros, es vestido de Santo Niño de Atocha, con bastón, canasta y sombrero; de san Francisco, con túnica color marrón; Niño de las Palomas, con traje blanco; de Juan Dieguito, con ayate y morralito; de Niño de los Milagros o de santo pontífice.

Cuando el niño ya ha sido vestido, se lleva a misa el 2 de febrero para que, junto con las candelas y las semillas de chía y trigo que servirán para adornar el altar de Dolores durante la Cuaresma, reciba la bendición. Una vez bendito, el niño se coloca en el altar doméstico y se le enciende una veladora para alumbrarlo durante todo el año. Este Día de la Candelaria, el padrino ofrece la famosa tamalada, acompañada de chocolate y atole. La costumbre de vestir al Niño Dios para bendecirlo abarca a todos los estados de nuestro país y resulta difícil encontrar ciudad o pueblo donde no se practique.

Las miniaturas en las ofrendas de los muertos chiquitos

Los días 1 y 2 de noviembre tiene lugar una de las fiestas más importantes del calendario festivo tradicional: las celebraciones del Día de Muertos, tiempo en que las almas de los parientes fallecidos regresan a la casa para convivir con los familiares y nutrirse con la esencia del alimento que se les ofrece en los altares que para la ocasión se montaron.

El 1 de noviembre, Día de Todos los Santos, se dedica a los muertos chiquitos o angelitos, y el 2 a los Fieles Difuntos, quienes fallecieron en edad adulta. En algunos lugares del país, el 28 de octubre corresponde a las personas que murieron a causa de un accidente; en cambio, el 30 del mismo mes se espera la llegada de las almas de los limbos, que son los niños que murieron sin recibir el sacramento del bautismo.

Para el altar de los angelitos, la comida que se les ofrece no debe condimentarse con chile, porque les haría daño y se enojarían. Es imprescindible que la mayoría de las ofrendas sean blancas, pues es el color que simboliza la pureza de estos inocentes difuntos. En su altar, a los muertos se les ponen dulces en miniatura hechos de alfeñique o azúcar vaciada, ingredientes de los que surgen figuras de animales, canastas con flores, ánimas, angeles, cruces, ataúdes, coronas, corazones, botellas, zapatos, platos con piezas de pollo en mole, entre otras muchas más. Con masa de trigo o de maíz se elaboran panes antropomorfos y zoomorfos. En los altares también se colocan juguetes en miniatura para que las almas puedan jugar: entierros de cartón, cajas de muerto, de barro o de cartón, accionadas mediante un hilo, para que se levante el difunto que descansa adentro; catedrales y procesiones de curas con cabeza de garbanzo; y reproducciones de inagotables personajes populares, como parejas de novios, panaderos en bicicleta, orquestas, molenderas con su metate y muchas creaciones artísticas más con las cuales la imaginación del artesano viste a la muerte.

Las miniaturas del Día de los Santos Inocentes

El Día de los Santos Inocentes se celebra el 28 de diciembre. Según el calendario católico este día se conmemora la matanza de niños que Herodes efectúo en Belén, a fin de deshacerse del recién nacido Niño Dios.

En México, en esta fecha se llevan a cabo bromas entre los amigos y familiares. La temática de dichas bromas se sustenta en el hecho de pedir prestado dinero o algún objeto de valor a la víctima de nuestra chanza. Una vez obtenido el préstamo, se recita el siguiente estribillo:

> Inocente palomita
> que te has dejado engañar,
> sabiendo que en este día
> nada se debe prestar.

Obviamente, lo prestado se devuelve poco tiempo después. La costumbre ligada a esta tradición dictaba que el objeto prestado debía devolverse en una charolita de hojalata, sobre la cual se colocaban juguetes en miniatura hechos de madera, hojalata y fibras vegetales. Si la embromada era mujer, entonces se ponían juguetes relacionados con su sexo; *verbi gratia*, escobetas, cubetas, cepillos o escobas; si, por el contrario, se trataba de un hombre, se le ofrecían martillos, carros, serruchos y demás implementos de trabajo masculino. Una vez reintegrado lo supuestamente perdido, se colocaba en la charola una tarjeta con el siguiente verso:

> Herodes, cruel e inclemente,
> nos dice desde su fosa,
> que considera inocente
> al que presta alguna cosa.

Los nacimientos en miniatura

Un elemento sumamente importante de la tradición decembrina lo constituyen los nacimientos o belenes, mismos que se colocan en casas e iglesias al comenzar la primera posada.

La creencia popular afirma que fue san Francisco de Asís, fundador de la orden Franciscana, quien dio inicio a esta costumbre. La fecha no se sabe con exactitud, pero suele situarse entre 1200 y 1226; es decir, en el siglo XIII. Se sabe que el primer nacimiento que creó san Francisco fue con personas de carne y hueso, quienes representaban a los personajes bíblicos que participaron en el nacimiento de Jesús.

A México, la costumbre de los belenes llegó con los frailes evangelizadores. No existen fechas fidedignas acerca de cuándo fue colocado el primer nacimiento ni en qué lugar de México ocurrió tal hecho; lo único que se sabe con certeza es que para el siglo XVI ya se acostumbraba, aunque no de manera generalizada, poner belenes en las iglesias.

Desde su inicio, los nacimientos han contado con cierto número de personajes imprescindibles, a saber: san José, la Virgen María, el Niño Dios, el buey, la mula, los borregos, los pastores, el ermitaño, el arcángel san Gabriel y los tres Reyes Magos. Sin embargo, la creatividad popular rebasa este número, y con alarde de mucha imaginación, agrega multitud de personajes como niños en árboles y columpios, molenderas, animales, casas, puentes, pozos, ríos y, en general, cualquier motivo que embellezca el nacimiento.

Con anticipación al mes de diciembre, los artistas populares de todo el país empiezan a prepararse para elaborar las obras que han de venderse en sus talleres, mercados o tiendas de artesanías. Elaboran de muchos tamaños los personajes de los nacimientos —incluyendo, por supuesto, las miniaturas— con gran variedad de materiales: cartón, hojalata, madera, cuero, chicle, migajón, vidrio, papel, cera, azúcar; incluso masa de pan, sin olvidarnos del hueso y la plata.

III
El pan de Cristobal Colón o el primer europeo come un pan americano

Hace ya algunos años, unos investigadores del Canal 5 de la televisión japonesa acudieron a mí con una petición bastante curiosa: deseaban saber cómo era y de qué había sido elaborado el primer pan que Cristóbal Colón comió en suelo americano. El objetivo era la filmación de un programa en el cual se cocinara dicho pan. El programa se transmitiría en Japón como parte de los festejos de los quinientos años del descubrimiento de América.

Se me pidió llevar a cabo la investigación pertinente que hiciese posible tal objetivo. Dado que soy investigadora por convicción y adoradora del pan de corazón, me resultó imposible rehusar el reto que tal proposición encerraba y de inmediato respondí que sí, que yo también quería saber cómo fue tan histórico pan.

Procediendo con método, lo primero que debía saber era con cuáles indicios contaba para suponer que el almirante comió un pan cuando llegó a nuestro continente. A mi pregunta, los japoneses me respondieron que en su *Diario,* Colón constataba que al llegar a las Antillas, los indios le habían obsequiado un delicioso pan, ligeramente endulzado, mismo que él comió no sin un poco de aprehensión. Aparte de este dato, ya de por sí bastante insuficiente, no había nada más al respecto, salvo mis inmensas ganas de hacer las averiguaciones necesarias. Entonces decidí recordar quién fue Cristóbal Colón.

Una semblanza de Cristóforo Colombo

Según refiere fray Bartolomé de las Casas en sus crónicas, Colón

> *fue de alto cuerpo, más que mediano, el rostro luengo y autorizado, la nariz aguileña, los ojos garzos, la tez blanca, que tiraba a rojo encendido, la barba y cabellos rubios, puesto que muy presto con los trabajos se le tornaron canos. Era gracioso y alegre, bien hablado y elocuente y glorioso en sus negocios. Era grave en moderación, con los extraños afable, con los de su casa suave y placentero. Su discreta conversación podía provocar en los que le viesen fácilmente su amor. Finalmente representaba en su aspecto venerable persona de gran estado y autoridad, digna de toda reverencia. Era sobrio y moderado en el comer, beber, vestir y calzar. En las cosa de la religión cristiana sin duda era católico y de mucha devoción.*

Estas buenas palabras se desdicen por el mismo De las Casas en otros textos donde lo describe violento, prepotente y amargado. Salvador de Madariaga, estupendo escritor español, le otorga a Colón un carácter contradictorio que va del orgullo a la casi humildad, de la terquedad a la flexibilidad y de la violencia a la paz.

Hasta hace poco tiempo no se sabía con certeza el año de nacimiento de Cristóbal Colón. Algunos investigadores daban como fecha el año 1446; otros la retrocedían hasta 1436; es decir, diez años antes. Sin embargo, uno de los más destacados y concienzudos biógrafos, don Carlos Pereyra, afirma que el verdadero año de su venida al mundo corresponde a 1451. Por el contrario, no existe duda alguna acerca de su muerte, acaecida en la ciudad de Valladolid (España), el 20 de mayo del año de gracia de 1506. En relación con el lugar donde nació, también se han manejado varias opiniones: que si nació en Córcega (Italia); que si nació en la provincia de Pontevedra (España); en fin, mucha tinta ha corrido al respecto. No obstante, es un hecho confirmado que nació en Génova, aunque no se sabe en qué ciudad o poblado. El padre de Colón se llamaba Domenico Colombo y era hijo de Giovanni Colombo. Domenico casóse con Susanna Fontanarossa, oriunda de Quezzi (Génova). Era cardador de lana y tabernero en Sabona. El matrimonio contaba con cinco hijos: Cristoforo, Giovanni, Bartolomeo, Giacomo y una mujer, cuyo nombre no registró la historia.

Cristóbal no cursó ninguna clase de estudios universitarios, lo cual no le impidió conocer, más o menos, la lengua latina, tan indispensable en aquellos tiempos. En el transcurso de su vida y de sus viajes hizo contacto con gente de saber, lo que le ayudó en su formación intelectual. Su aplicación en los estudios autodidactas lo llevó al conocimiento de materias tales como geografía, geometría, cosmografía, astronomía y el arte de la navegación; lo cual, aunado a sus continuos viajes por los océanos, lo convirtió en un aceptable marino, nunca un experto, como muchos afirman. No obstante, destacaba en el dibujo de las cartas geográficas que le enseñara su suegro, el capitán Bartolomeo Perestrello, dueño de una fabulosa colección que le heredaría tras su muerte.

Ya casado con Felipa Muñiz Perestrello, Cristóbal decidió establecerse en Porto Santo, isla situada al norte de Madera. Fue en este sitio donde Colón concibió la idea de llegar a Catay (China), Cipango (Japón) y la India, navegando hacia el Occidente, pues suponía que, si la Tierra era redonda, la punta oriental de Asia debía dirigirse en línea recta hacia Portugal y que, para llegar allí, sólo era necesario cruzar el mar Tenebroso o de los Sargazos, mismo que se encuentra más allá de las Columnas de Hércules y que ahora conocemos como Estrecho de Gibraltar. En 1483, a raíz de la muerte de su esposa, Colón partió hacia Portugal, acompañado de su hijo Diego, a exponer al rey don Juan II su proyecto marítimo. Rechazado éste, decidió encaminarse hacia España.

Llegó a la provincia de Andalucía en 1484 y sus andanzas se pierden hasta el año de 1486, cuando se encuentra sirviendo a los Reyes Católicos Fernando e Isabel. Es en esta época que Alonso Quintanilla, tesorero de la reina, y Fernando de Talavera, confesor de la misma, se interesaron por los planes de Colón. Dispuestos a apoyarlo sometieron el proyecto a una junta de sabios en Salamanca. La junta decidió aplazarlo, dadas las circunstancias históricas que vivía España, pues en ese mismo año dio inicio la campaña de Málaga contra los invasores moros.

Después de muchas vicisitudes y altibajos para lograr el patrocinio y financiamiento de Fernando e Isabel, los reyes aceptaron el proyecto, dado que el 12 de enero de 1492 los moros perdieron Granada, su último reducto en España, y los soberanos quedaron libres de preocupaciones para iniciar la empresa de las Indias.

Así las circunstancias, Colón partió del puerto de Palos la mañana del 3 de agosto de 1492. Tres pequeñas carabelas fueron despedidas por los frailes del convento de la Rábida, donde habitara Colón por un tiempo, y por muchos habitantes de Moguer y de Huelva. La Niña iba comandada por Vicente Yáñez Pinzón, La Santa María por el almirante y La Pinta por Martín Alonso Pinzón. Se iniciaba la gran aventura que cambiaría la historia del mundo americano y daría inicio al sometimiento cultural.

Colón llega a América

Los aventureros comenzaron su viaje tomando aguas del mar Tenebroso con dirección hacia el Poniente. Después de muchos problemas de toda índole —incluso un intento de motín—, llegaron el 12 de octubre de 1492 a la isla Guanahani, rebautizada por Colón con el nombre de San Salvador. Al bajar de la carabela con la bandera real, fue seguido por dos capitanes que portaban sendas banderas llamadas de la Cruz Verde. Según Colón consigna en su *Diario,* vieron: "... gente desnuda, árboles muy verdes, aguas muchas y frutas de distintas maneras", que los indígenas obsequiaron al almirante. Éste, como retribución, les dio "bonetes colorados y cuentas de vidrio, que se ponían al pescuezo, y otras muchas cosas de poco valor con que hubieron mucho placer y quedaron tanto nuestros que era maravilla".

Una vez tomada en posesión la isla, arribó a otras dos del mismo grupo que designó con los nombres de Fernandina e Isabela, en honor de los Reyes Católicos. Continuó su recorrido y el domingo 28 de octubre del mismo año llegó a la isla de Cobba o Cuba, a la cual siempre tomó como su Cipango añorado, pues nunca supo que se trataba de una isla. Tras partir de Cuba por su punta oriental y tomando hacia el Sureste, se encontró, el 9 de diciembre, con la isla Bohío, muy similar a Castilla, por lo cual le dio el nombre de La Española. El desembarco ocurrió en la bahía de la Concepción. Recorrió la costa y colocó una gran cruz en el territorio que, con el paso del tiempo, se convertiría en República Dominicana y Haití. Fue en esta isla donde Cristóbal Colón comió el primer pan hecho por los indígenas americanos.

¿Quiénes eran los habitantes de la antigua Española?

Cuando Colón llegó a la isla se encontró con dos grupos de indios: los siboneyes y los tainos. Fue con estos últimos con quienes tuvo el primer contacto. Los siboneyes, de origen poco claro, parecen haber sido los sobrevivientes de los antiguos pobladores de La Española, asentados allí hacia el año 5000 a.C. Los tainos o arahuacos llegaron en la segunda mitad del primer milenio antes de nuestra era y empujaron a los siboneyes a la parte sur de la isla. A la llegada de Colón sobrevivían los siboneyes en número muy reducido y convivían con los tainos. Éstos hablaban la lengua arawak y habían llegado procedentes de la costa norte de la actual Guayana venezolana, de donde huían de los indios guerreros antropófagos: los caribes.

El jefe taino que recibió a Colón se llamaba Guacanagaric y gobernaba en las provincias de Marién, Magua, Xeragua e Higuey. La sociedad indígena estaba gobernada por una oligarquía asistida por el *nytaino* o consejo de ancianos, encargado de vigilar que se cumpliesen las costumbres y las tradiciones. Cada provincia contaba con un jefe o cacique. Los tainos vivían en poblados hasta de tres mil habitantes. Sus casas eran rectangulares o circulares, cuya techumbre tomaba la forma de un cono. Los encargados de la religión y de la medicina, es decir, los sacerdotes y los curanderos, se denominaban *butios*. Los tainos eran animistas: creían en espíritus que se manifestaban en la naturaleza y en el cuerpo. Sus dioses, llamados *zeme,* representaban al Sol, la Luna y otros astros o elementos de la naturaleza. Los *zeme* servían como amuletos y los tainos los hacían de diversos materiales: concha, madera, piedra y oro.

Vivían del cultivo del maíz, la caza, la pesca y la recolección. En su *Diario,* Colón registró que poseían algodón y eran capaces de elaborar tela con husos. Fabricaban máscaras que adornaban con oro; hacían esteras y asientos de maderas preciosas, como la caoba. También construían canoas y piraguas grandes para resistir los embates del mar. Las mujeres se dedicaban a la cerámica. Su producción incluía tazones, platos y vasijas que alcanzaban una maestría comparable a la producción de los indios mexicanos y peruanos. Especialmente notables eran los vasos rituales, sobre los cuales pintaban rostros humanos y animales como tortugas, lagartos, lagartijas, sapos; además de diseños geométricos decorados en negro, rojo y violeta.

Uno de los alimentos favoritos de los araucanos eran unas galletas elaboradas con mandioca, de la cual obtenían una harina muy nutritiva conocida como *casabe*. En un reporte a los Reyes Católicos, Colón consignó su primera tarde en La Española y menciona el "delicioso y dulce pan" que los indios le dieron a probar.

¿Cómo estaba hecho el pan que comió Colón en La Española?

Tras refrescar mi memoria acerca de este singular personaje y conociendo un poco sobre la cultura taina, me di a la tarea de averiguar cómo estaban hechas esas famosas galletas que acostumbraban comer los tainos y que tanto le gustaron a Colón. Entonces, decidí ir a La Española para ver *in situ* los lugares por donde transitara el almirante. Llené una maleta con alguna ropa y libros, y una calurosa mañana del mes de agosto llegué al aeropuerto de Las Américas en Santo Domingo, capital de la República Dominicana, situada en la costa sureste de La Española. Bartolomé Colón fundó la ciudad en 1496 y fue la primera que los españoles establecieron en América. En esta bella ciudad empecé mis indagaciones.

Después de quince días de investigación ya había logrado recrear la receta del famoso pan de Colón. La materia prima empleada por los tainos provino de uno de dos tubérculos: el ñame o la mandioca, ambos muy utilizados en la alimentación de los antiguos pobladores indígenas. De entre los dos, mis investigaciones me llevaron a concluir, por comparaciones etnográficas y lecturas de documentos varios, que la mandioca fue la que dio origen al mencionado pan.

Sobre la mandioca sabemos que su nombre proviene de la voz guaraní *mandiog*. Su parte comestible es la raíz granulosa. Es un arbusto de la familia de las *euforbiáceas*, de dos a tres metros de altura, con hojas divididas, flores dispuestas en racimos y enorme raíz tuberosa, que en México conocemos como *guacamote*. Los tainos la comían cocida o en forma de pan.

Para elaborar dicho pan, los indios partían en trozos, más o menos pequeños, la raíz. En un zurrón tejido con palma, de aproximadamente treinta o treinta y cinco centímetros, los ponían a deshidratar al aire libre sin que les diera el sol, con la intención de que la desecación fuese paulatina. Secos ya los trozos, se molían en una especie de mortero hasta obtener una harina que se cernía hasta hacerla fina. Esta harina se tostaba muy ligeramente y se le agregaba agua, aceite vegetal o grasa animal y se amasaba. Después se le añadía camote dulce o yuca, previamente hervido y machacado, para dar un sabor dulce y agradable. También podía emplearse miel silvestre en lugar de camote. Una vez que la masa adquiría la consistencia deseada, muy semejante a la de nuestra masa de maíz, se elaboraban unas galletas torteándolas con las palmas de las manos. Las galletas medían alrededor de diez centímetros de diámetro y se cocían en un gran comal de barro asentado sobre tres o cuatro piedras, en un hogar que se colocaba en el suelo y se calentaba con leña o varas del entorno natural. Las tortas se cocían por los dos lados hasta lograr el cocimiento deseado.

Regresé a México con la receta escrita en un simple papel y con muchas ganas de volverla realidad lo más pronto posible. A las siete de la mañana de un día frío de septiembre, todo el equipo técnico de la televisión japonesa, mi madre y una servidora, nos fuimos a Xochimilco, a una chinampa donde se instaló un hogar calentado con leña y sobre el cual se depositó un gran comal de barro. Llegamos tiritando y pusimos manos a la obra. Las expertas manos de Ofelia —mi intrépida madre— mezclaron la harina, el agua y los ingredientes bajo los rasgados ojos de los japoneses y los redondos de las cámaras de video. Empezó el torteo y la masa se volvió redonda; Ofelia puso la torta sobre el comal y ésta comenzó a dorarse como un sol indígena. La levanté, trémula de emoción, y la mordí, primero con timidez y luego ya sin prejuicios. Mi paladar la gustó, la degustó, la cató... ¡Es maravillosa! ¡Sabe muy bien, tan bien como le supo a Colón hace la friolera de quinientos años!

IV
Los albores del pan en México

El pan llega a nuestro país

En el año de 1521 el capitán Hernán Cortés, al mando de un ejército formado por soldados españoles e indígenas aliados, se apoderó y dio fin a una de las culturas más relevantes de Mesoamérica: la mexica. Pero si bien es cierto que los conquistadores devastaron y asesinaron una gran cultura, no lo es menos el hecho de que con ellos trajeron un alimento que, pasado el tiempo, habría de convertirse en la delicia de criollos, mestizos e indígenas. Me refiero, sin lugar a dudas, al pan de trigo. Pero, ¿exactamente cómo llegó el trigo a México? La respuesta forma parte de una leyenda que a continuación relataremos.

El 30 de junio de 1520 tuvo lugar una batalla entre españoles y mexicas que se conoce con el nombre de la Noche Triste. Muerto ya Moctezuma a manos de Hernán Cortés y después de múltiples victorias sobre los aztecas, el capitán encontrábase instalado en Tenochtitlan como amo y señor, pero no por ello muy confiado en términos militares. La sangre vertida había sido demasiada y los víveres y las municiones empezaban a escasear, de manera que Cortés decidió abandonar por la noche, y con todo sigilo, la ciudad. Mandó construir un puente de madera que le permitiera cruzar las acequias y los canales; hizo acopio del oro, la plata y las piedras preciosas obtenidas como botín de guerra y emprendió la huida una noche harto nublada. La batalla fue cruenta y desfavorable para los españoles. Cortés, al ver perdida su riqueza y a algunos de sus capitanes, púsose a llorar en una piedra, en Popotla, población cercana a Tacuba

Juan Garrido, soldado de Cortés, se encontraba en la batalla. Sobrecogido por tal tragedia, recogió los cadáveres de los españoles y les dio sepultura en un solar de la Calzada de Tlacopan. Gracias a sus méritos en la batalla, le fue otorgado un terreno que se localizaba en la calzada mencionada, perteneciente al capitán y cedido a él por el Ayuntamiento, con fecha 15 de marzo de 1521. En este solar, Juan Garrido plantó el primer trigo que conoció Nueva España, en el número 66 de la actual Rivera de San Cosme.

Francisco López de Gómara, en su *Historia de las Indias,* nos proporciona otra versión del lugar donde tuvo lugar el origen del trigo en México. Para el cronista, su inicial aclimatación se inició en Coyoacán, cuando al Marqués le fueron llevados, desde el puerto de Veracruz, unos sacos de arroz entre cuyos granos venían tres de trigo, mismos que el conquistador ordenó a Garrido que se sembrasen de inmediato. De los tres granos, dos no se dieron: sólo uno fructiferó y proporcionó 47 espigas que con el andar del tiempo dieron múltiples cosechas.

¿Quién fue Juan Garrido?

Cualquiera que fuese el lugar donde se sembró el trigo mexicano, el hecho es que cabe la gloria al negro Juan Garrido por haberlo introducido. Juan Garrido había sido un negro esclavo que los españoles compraron a los traficantes holandeses. Procedía del continente africano y debió ser sudanés o bantú, tribus que eran las más apreciadas para la rapiña de los europeos. Era robusto, de gran estatura y muy joven, de aproximadamente 18 años de edad. Se dice que su inteligencia e ingenio eran fuera de lo común. Antes de llegar a México había vivido en Santo Domingo y algunas otras islas del Caribe como esclavo. Habitó en Puerto Rico durante mucho tiempo hasta que fue enviado a Cuba y destinado a Hernán Cortés para su servicio doméstico para, tiempo después, entrar en la milicia. Cuando llegó a Nueva España, y gracias a su inteligencia y buen comportamiento, se le concedió la libertad y alcanzó la condición de horro; es decir, libre. En México se casó, no se sabe con quién, si con una negra o con una india, y tuvo tres hijos. Al final de su vida padeció mucho y murió en la más completa miseria.

Juan Garrido perteneció al grupo de los seis primeros negros que llegaron al iniciar el año de la penetración hispana. En su condición de liberto escapo a muchas, aunque no a todas, las restricciones y castigos a que estaban sometidos los negros. Sus posibilidades de trabajo se vieron muy reducidas, pues nunca pudo ejercer un cargo en la administración ni ser dueño de hacienda. Hasta su muerte fue un pequeño labrador de trigo que molía en su pequeño molino para hacer su pan. A este sembrador de la Colonia debemos agradecer el hecho de habernos proporcionado la semilla que daría lugar al inicio de la panificación mexicana.

Los cultivos de trigo y los molinos

Los primeros cultivos de trigo se efectuaron en el mismo año de la conquista: 1521. Se localizaban en los alrededores de la recién fundada ciudad; pero poco a poco fueron extendiéndose a varias regiones agrícolas del Bajío, Tlaxcala y Puebla. A mediados del siglo XVI, esta última región producía la mayor cantidad de trigo. Más adelante, los cultivos abarcaron el Estado de México, Querétaro, Guadalajara, Michoacán y Guanajuato.

Los cultivos de trigo se extendieron por toda Nueva España; gran parte de su diseminación se debió a los frailes que lo cultivaron y llevaron por todo el territorio mexicano en sus andanzas evangelizadoras. Los jesuitas se encargaron de sembrarlo en las californias. El arado llegó a tierras mexicanas proveniente de España, en donde se contaba con una amplia variedad de arados. Según se cuenta, fueron dos los primeros arados que empezaron a usarse, ambos uncidos a bueyes o mulas. El más utilizado fue el arado dentado, también llamado romano, que constaba de cabeza, reja, tolera y esteva o mancera. Durante muchos siglos fue el instrumento que se utilizó en México. Era muy conveniente porque con él se abrían surcos superficiales sin voltear la tierra, lo cual convenía a los suelos áridos. Además se trataba de un arado muy ligero que podía transportarse con facilidad, sobre mulas o caballos, hasta regiones distantes. Junto con el arado, los españoles introdujeron el abono animal, la técnica de la rotación de cultivos y la irrigación por medio de norias.

El trigo cultivado se llevaba a moler a los molinos, tan imprescindibles para la elaboración de las harinas. Se debe al primer virrey, don Antonio de Mendoza, haber otorgado a los españoles conquistadores las primicias de los privilegios o mercedes reales. En los archivos encontramos que muchas de esta mercedes se dieron con el fin de establecer heridos de molino; es decir, ruedas de alabes que se instalaban en las orillas de las corrientes de los ríos, canales o zanjas en declive. La energía producida permitía mover las ruedas del molino, su eje y sus piñones.

El primero de los molinos que existió en Nueva España lo estableció Nuño de Guzmán en Tacubaya, junto al río del mismo nombre, ahora desaparecido. Poco después surgieron otros dos: uno en Coyoacán y otro en Tacuba. Estos dos asientos molineros fueron una fuente de conflictos para los indígenas que habitaban dichas poblaciones; no obstante, el más poderoso dictaba la ley y no les quedaba otro remedio salvo resignarse a ser desplazados de sus tierras. Según otra versión debida a Manuel Orozco y Berra, en su libro *Historia de la ciudad de México desde su fundación hasta 1854*, el 7 de febrero de 1525 "se concedió a Rodrigo de Paz (conquistador), la primera licencia para formar aceñas y molinos de trigo en el río Tacubaya"; lugar conocido por los indios con el nombre de Atlacihuayan. Heriberto García Rivas agrega:

> ... *y poco después instaló otro Nuño de Guzmán en Santiago Tlatelolco, que perteneció más tarde a Juan Xuárez, cuñado de Cortés, por ser hermano de la infortunada esposa de éste, doña Catalina Xuárez de Marcayda. El molino perteneció más tarde a los dominicos; y aguas arriba del río que lo alimentaba, hubo otro molino harinero perteneciente a Melchor Valdés. El molino de Nuño de Guzmán fue instalado en el año de 1529 y el de Rodrigo de la Paz... fue conocido más tarde con el nombre de Molino de Abajo o de los Delfines.*

La amplia concesión de tierras por parte del virrey trajo como consecuencia favorable que la harina faltante ya no se trajese de la Madre Patria, pues ya podía molerse en tierras mexicanas una vez pasadas las cosechas de trigo de riego que se sembraba en marzo o junio, o de trigo de temporal, sembrado en junio y cortado en octubre. Y como todo era muy abundante en este país, había un tercer tipo de trigo llamado *aventurero*, se sembraba en noviembre y proporcionaba una cosecha adicional. Los granos de trigo cosechados se almacenaban en la alhóndiga. La primera que se estableció en México se fundó durante el gobierno del virrey don Martín Hernández, entre los años de 1573 y 1578. A decir de algunos investigadores estaba situada en la calle de San Bernardo; otros opinan que ocupaba parte del Ayuntamiento. De cualquier forma dependía de la autoridad del Cabildo de manera directa. Esta alhóndiga quedó destruida durante un incendio en el año de 1692. Aparte hubo tres más: la primera estaba en la calle de Tezontle, la segunda en San Antonio Abad y la tercera en Puente de Gallos.

La alhóndiga tenía la función de regular los precios de los granos del cereal e impedir que los regatones, o revendedores, acapararan el trigo, la cebada y sus harinas para encarecerlos y hambrear a la población. La vigilaban dos regidores a los que se les nombraba diputados, quienes, además, se encargaban de los cobros de los depositarios. Los cultivadores de trigo u otros cereales tenían la obligación de llevar todos sus granos y harina a la alhóndiga para declarar si los había adquirido por compra o por cosecha. Todo tipo de transacciones con cereales fuera de la alhóndiga estaba penado y sancionado por la ley. A este recinto acudían los comerciantes y los panaderos para comprar los productos que habrían de surtir sus tiendas y la materia prima para elaborar los panes. A los panaderos se les permitía comprar la cantidad de trigo en grano o harina suficiente para la producción de dos días.

Panes, panaderos y panaderías

La producción de panes a nivel comercial se inició en la Colonia hacia 1525, fecha en la cual se tiene noticia de la existencia de varias panaderías, sin que se sepa cuáles eran ni dónde estaban situadas.

En estas panaderías se encontraban estrictamente reglamentados el peso y el precio de los panes; lo cual no era impedimento para que algunos dueños empleasen toda clase de artimañas para reducir el peso y emplear harinas de baja calidad. Las leyes y reglamentos de control los dictaba la Fiel Ejecutoria, aparato de gobierno impuesto por el virrey, por órdenes del rey de España, para vigilar que el comercio y la administración se llevasen conforme a la ley en las nuevas tierras. Los españoles eran los propietarios de las panaderías, los instrumentos de trabajo, el capital y la fuerza productiva de los operarios. Éstos elaboraban el pan con sus manos y su ingenio, mismo que con el paso de los siglos fue enriqueciéndose. Los operarios eran indios obligados a trabajar en las panaderías o reos que, por medio de su labor en el amasijo, purgaban parte de su condena. Los prisioneros estaban atados con grilletes y no podían salir para nada. Tanto ellos como los indios sufrían maltrato y la explotación de sus patrones, quienes, aparte de golpearlos con toda crueldad, los obligaban a trabajar durante doce o catorce horas seguidas. Dentro de la tahona, los panaderos operarios no contaban con una jerarquía del trabajo, pues la tecnología y el aprendizaje necesarios para la producción de los panes no requerían una categorización en maestros pasteleros, bizcocheros y de pan blanco, como sucedería siglos después. Cada panadería contaba con un mayordomo encargado de administrarla, recibir las remesas de harina, controlar la producción y vigilar y golpear a los operarios.

Los dueños estaban agrupados en gremios. La función principal del gremio consistía en aglutinar y organizar a los productores y a la producción. Estaba regido por estatutos y leyes; dependía del Cabildo de la ciudad de México y era vigilado por la Fiel Ejecutoria, la cual se encargaba de que lo reglamentos se cumpliesen. Los panaderos agremiados ayudaban para que se efectuaran las fiestas religiosas, como la de Corpus Christi, la procesión del Santo Entierro y la de la Inmaculada Concepción; fiestas muy costosas por toda la parafernalia que implicaban.

Los primeros tipos de pan que se elaboraron en las incipientes panaderías tenían características netamente españolas; aun cuando bien es cierto que ya desde los primeros años los indígenas supieron imprimirles sus peculiaridades. Los panes más populares fueron la hogaza, el bonete cortado y una especie de pan largo, tipo *baguette*, del cual bien puede derivarse el bolillo y el virote actuales. La hogaza era un pan grande y redondo, frecuentemente de más de dos libras de peso (medición antigua en México), hecho de harina mal cernida y cierto contenido de salvado. Se trataba de un pan muy popular que solía comerse solo o acompañado de carne, frijoles o queso. Se comía en rebanadas o trozos. En cuanto al bonete, se le nombraba así por su relación metafórica con la gorra de cuatro picos usada por los eclesiásticos y los seminaristas. Se hacía de harina flor mezclada con harina más gruesa llamada *cabezuela*, obtenida después de haber cernido la harina. El virote primitivo debía su nombre a su semejanza con un hierro largo, el cual se colgaba en la argolla que se colocaba en el cuello de los esclavos.

Todos estos panes se elaboraban de manera muy simple. La pasta se hacía a mano, amasándola sobre tahonas de madera alargadas y colocadas sobre "burros"; o bien, en toscas mesas fabricadas para tal efecto. Los panes se labraban sobre estas mesas enharinadas y las piezas se introducían en el horno con largas palas de madera. Los ingredientes que debieron llevar fueron harina, agua, sal, una pizca de azúcar y levadura, la cual se obtenía de una parte de la masa del día anterior. Se le llamaba *levadura madre*. Si después de siete u ocho horas se le volvía a incorporar harina y agua y se dejaba reposar por cuatro o cinco horas más, se obtenía la levadura de segunda. Si esta última operación se repetía, se obtenía la levadura de excelencia, que debía incorporarse a la masa una o dos horas después de hecha. Por supuesto que los panes comunes se hacían con la primera levadura.

Los hornos utilizados en el siglo XVI debieron mantener reminiscencias grecorromanas, pues en general las técnicas de la panificación no sufrieron grandes cambios sino hasta el siglo XIX, cuando se produce una verdadera revolución. Mientras tanto, los hornos eran circulares o ligeramente ovales y con techo de bóveda. Una puerta servía para cargar el horno con leña y otra, colocada más arriba, recibía el pan para su cochura. El suelo interior del horno estaba hecho de barro aplanado o de mosaicos del mismo material.

Los panes populares estaban sellados con la pintadera, instrumento hecho de hierro o de madera que servía para identificar quién era el dueño de la panadería donde se había elaborado el pan. La costumbre de "pintar" el pan vino también con los españoles, pues en España se usaba este método para marcar el pan a fin de que no se confundiesen unos con otros durante su cocción, ya que era común que varias familias cociesen su pan en hornos comunales. Los sellos se tallaban con muy diversos motivos, formas y gustos; a veces sólo con las iniciales del patrón de la panadería. Al llegar a México, la costumbre se mantuvo hasta finales del siglo XVIII. El pan solía venderse por peso. Así, por ejemplo, un pan de 400 gramos costaba un tomín de oro; es decir, un real. En cambio, uno de 230 gramos valía medio tomín.

Aparte de venderse los panes populares en locales anexos a las panaderías, también se expedían en las pulperías; es decir, tiendas donde se comerciaba con diferentes géneros para el abasto y antecesoras de nuestras actuales misceláneas. También las mujeres indias estaban encargadas de vender los panes en las plazas de la ciudad, como la Plaza Mayor, nuestro actual Zócalo; en el tianguis de Juan Velásquez, localizado en terrenos de lo que sería posteriormente Bellas Artes y en el mercado de San Hipólito, asentado cerca de la Alameda. Estas mujeres colocaban su mercancía en canastas de gran tamaño, sobre albos manteles bordados por ellas mismas. Si llegaba la hora de las oraciones y no habían vendido todos los panes adquiridos en las panaderías, ellas debían asumir el costo del remanente y tratar de venderlo al otro día como pan frío. De ahí nuestra costumbre de comer pan caliente (del mismo día), pan frío (del segundo día), y pan refrío, que ya tiene más de dos días de elaborado, obviamente más barato.

He aquí el panorama del pan y las panaderías que existieron en Nueva España durante el primer siglo de la colonización. No nos resta sino finalizar esta semblanza diciendo que, desde 1526 hasta nuestros días, México ha visto enriquecer su panadería popular de manera notable, pues de los tres panes iniciales hoy contamos con más de seis mil variedades en toda la República. Debemos agradecer esta riqueza a los maestros panaderos, artistas de la masa, a quienes va dedicado, con todo cariño y respeto, este pequeño artículo.

V
Los *pochtecas*

Los integrantes más importantes de los mercados de Tenochtitlan y Tlatelolco fueron, sin lugar a dudas, los *pochtecas* o comerciantes. Fue en la ciudad de Tlatelolco donde surgió el primer gremio de comerciantes en el siglo xv; ciudad que por razones económicas y óptima situación territorial siempre estuvo dedicada al comercio, incluso mucho antes de la llegada de los aztecas al islote donde habría de nacer Tenochtitlan. Poco tiempo después de su fundación hicieron su aparición en esta ciudad siete agrupaciones que se asentaron en los barrios de Tepetitlan, Tzomolco, Acxotlan, Atlauhco, Amachtlan e Itzolco. Estas agrupaciones o gremios se conformaban por miembros que pertenecían a un mismo linaje y sólo en casos muy excepcionales se permitía la entrada de personas ligadas por lazos de parentesco.

La sociedad mexica estaba formada por dos grupos o estratos fundamentales. Por un lado se encontraban los *pipiltin* o personas que pertenecían a la nobleza, quienes detentaban el poder político, religioso y económico. Por el otro estaban los *macehualtin*, la gran masa del pueblo campesino y artesano. A este estrato pertenecía los mercaderes de bajo rango, obligados a pagar tributo al *huey tlatoani*, o emperador, con los bienes que adquirían en los procesos de intercambio de productos, o bien, con los excedentes de su producción agrícola. Eran campesinos que cultivaban sus parcelas y con lo obtenido en las cosechas cubrían sus necesidades, pagaban el tributo y el restante lo llevaban al mercado para intercambiarlo por otros artículos o venderlo. Pero además de estos pequeños comerciantes estaban los mercaderes de alto rango llamados *pochtecas,* en razón a que habitaban el barrio de Pochtlan en Tlatelolco. Estaban sujetos a reglamentos y tenían sus propias autoridades que sólo obedecían al *Tecuhtli* o señor gobernante de los mexicanos.

Todo el comercio de Mexico-Tenochtitlan se efectuaba por medio de los pochtecas. Nadie que no perteneciera a esta casta podía ejercer la actividad de comerciante. Como dijimos, estaban sometidos a duros reglamentos que no podían infringir, so pena de ser castigados con toda severidad, aunque también gozaban de muchas prerrogativas. Por ejemplo, se encontraban liberados del servicio personal que debían rendir a la comunidad, y justamente el hecho de tener tantos privilegios nos habla de la importancia que para la economía mexica tenían estos mercaderes. No era para menos, pues constituían la base del comercio y del abasto de las mercancías indispensables para la población y de los productos de lujo que satisfacían la vanidad de la nobleza y que obtenían de las expediciones que realizaban a tierras lejanas. Ser mercader en el México antiguo era en verdad una actividad prestigiosa. Muchos comerciantes llegaron a acumular grandes riquezas capaces de costear lujosos festejos, con los que aumentaban su estatus frente a nobles y *mecehualtin.* Gracias a su poderío económico se les consideró una clase social superior.

Los pochtecas estaban divididos de acuerdo con su especialización. Según algunas fuentes, los más respetados y poderosos fueron los mercaderes de esclavos, quienes vendían su mercancía en un mercado satélite al de Tenochtitlan, situado en Azcapotzalco y dedicado en ex-

clusiva a la venta de esclavos. Los *nahuallozteca*, o mercaderes espías, tenían como tarea adentrarse en las poblaciones enemigas con el fin de
enterarse del monto de la producción agrícola y artesanal y de la cantidad de excedentes con que contaban las regiones a donde llegaban. La
información se le transmitía al *tlatoani*, para que determinase los productos y la cantidad de los mismos que formarían parte del tributo que
debían entregarle para su uso personal y para provecho de la población
de Tenochtitlan. Los *teucneneque*, en español mercaderes del rey, tenían
a su cargo la tarea de intercambiar algunas posesiones del *huey tlatoani*
por artículos de difícil adquisición provenientes de lugares distantes.
Estos mercaderes practicaban la usura, pues prestaban dinero y recibían créditos a cambio del favor. Como contaban con gran capital, se
les consideraba como los *pochtecas* de mayor importancia económica
del imperio. Otros comerciantes eran los *oztomecas*, llamados así porque habitaban el barrio de Oztoman, a los que podríamos considerar
vendedores ambulantes. Ellos realizaban recorridos por todos los rin-
cones de Mesoamérica para comprar o intercambiar mercancías. Los
comerciantes de mayor rango y alcurnia fueron los *pochtecas tlatoques*,
comerciantes viejos y sabios que ya no viajaban sino que se dedicaban
a presidir los rituales de los otros *pochtecas*, tan necesarios e importantes para la buena ejecución de sus tareas. Dichos mercaderes encabe-
zaban las corporaciones de *pochtecas* y cada una era dirigida por tres
o cinco de ellos. Las corporaciones se localizaban en las ciudades de
Azcapotzalco, Huexotla, Texcoco, Coatlinchan, Cuauhtitlan, Otumba y
Chalco, aparte de Tenochtitlan y Tlatelolco.

No cualquiera accedía a la profesión de *pochteca*, porque ésta se
heredaba de padres a hijos. Y así como residían en barrios especiales,
también estaban obligados a casarse con mujeres de familias del mismo
gremio. Como la profesión había adquirido tanta dignidad, a los hijos

de los *pochtecas* se les permitía estudiar en el Calmecac, famosa escuela para los hijos de los nobles.

Obviamente, esta profesión tan reconocida tenía sus propios ritos y dioses. Adoraban a Yiacatecuhtli, de quien afirmaban que les había enseñado el arte de comerciar. Para honrarlo le ofrecían papel, con el cual envolvían su efigie. Asimismo, veneraban a los cinco hermanos y la única hermana del dios, quienes recibían los nombres de Chincoqui-ahuitl, Xomocuil, Nácatl, Cochimetl, Yacapitzahua y Chalmacacíhuat. A estos divinos hermanos les ofrecían esclavos en sacrificio, ataviados con las vestimentas de los dioses. Después de bañarlos, perfumarlos, darles de comer y agasajarlos con cantos y bailes, los sacrificaban en la fiesta llamada Panquetzaliztli. Los *pochtecas* adoraban también al báculo o bastón que utilizaban para apoyarse en sus largas caminatas porque éste representaba a Yacatecuhtli. Dicho báculo se hacía de caña maciza y se le llamaba otatl.

Cuando los *pochtecas* salían a comerciar formaban caravanas dirigi-das por un capitán. No partían cualquier día sino que escogían el que tuviese signo favorable. Este era el noveno signo llamado *ce-ácatl*, uno caña, que por supuesto era reverenciado. Antes de cualquier partida celebraban una ceremonia en la que ofrecían papel cortado al dios del fuego, Ixcozauhqui. El papel se amarraba a un asta teñida de color rojo. La ofrenda se efectuaba a la medianoche, después de haber puesto pa-peles con la cara del sol dibujada con hule derretido frente a un hogar. Enseguida, los mercaderes se amarraban papel al pecho en honor al dios de la tierra, Tlaltecuhtli.

Hans Lenz, en su libro *El papel indígena mexicano*, nos dice respecto de las ceremonias propiciatorias de los pochtecas:

> En otros papeles recortados en cuatro tiras pintaban con ulli *figuras de culebras para ofrecerlas a ce-Cóatl Melavac, uno de los veinte*

caracteres del arte adivinatorio; a los dioses del camino, Tlacotzantli y Zacatzntli, ofrendábanles papeles en forma de mariposas, también goteados con ulli. Al regresar de sus recorridos después de haber informado a su principal de Tlatelolco, presentaban a sus dioses papel recortado en agradecimiento... Hacían fiestas en que sacrificaban esclavos que, entre otros aderezos, llevaban unos de papel llamados amapatlachtli, -ama, *papel;* patlachtli, *extendido, ancho, en los que sujetaban con hilos colorados unos quetzales. El que invitaba a la fiesta, se ataviaba con papeles pintados, y el cacique que se metía dentro de la culebra de papel después la quemaba. Según el padre Joseph de Acosta, en Cholula se adoraba un famoso ídolo que era el dios de los mercaderes, al que llamaban Quetzalcóatl, de figura humana con cara de pájaro, y que llevaba en la cabeza una mitra de papel, puntiaguda y pintada.*

Cuando se determinaba el día propicio para la partida, los pochtecas tomaban un baño y se cortaban el pelo al rape, pues era costumbre que durante todo el trayecto no se lo cortasen ni lavasen, y sólo estaba permitido lavarse el cuello. Una vez efectuado dicho menester, se celebraba un convite en la casa de uno de los mercaderes principales o *pochtecas tlatoques*. Antes de empezar a comer y después de haber terminado, los mercaderes debían lavarse la boca y las manos. A continuación escuchaban las palabras del viejo pochteca, quien les deseaba que tuviesen un buen viaje y los exhortaba a que no regresaran antes de haber llegado a la meta indicada pues, de no hacerlo así, les caería la deshonra. Si había entre los expedicionarios un mercader que salía por primera vez, en el discurso se le instruía acerca de lo glorioso de la profesión, las dificultades que habría de padecer y de la fortuna y prosperidad que acarreaba el hecho de ser cumplido y responsable. Asimismo, se les dedicaba un sermón a aquellos mercaderes que ya habían salido a expediciones. Acabados los largos discursos, el que partía por primera vez agradecía las recomendaciones.

Dicho lo cual, todos los presentes comenzaban a llorar y se despedían los parientes del que salía de viaje. Entonces, el padre, la madre o la mujer y los hijos no se lavaban el cabello ni la cara hasta que el viajante regresara sano y salvo, aunque el cuerpo sí era aseado. Si algún pochteca moría lejos del hogar, se le comunicaba de inmediato la muerte al mercader viejo, quien avisaba a los deudos para que llorasen al muerto y realizaran los ritos funerarios. Después de cuatro días, los familiares se lavaban la cara y el cabello. Enseguida hacían la efigie del muerto con teas o palitos de madera y lo ajuaraban con ropas hechas de papel; colocaban una ofrenda también de papel frente a él y lo llevaban *al teocalli* del barrio en un *cacaxtli* o andadilla; le pintaban los ojos de negro y la boca de rojo; levantaban el *cacaxtli* sobre leños ardientes y dejaban que la efigie se consumiese. Sólo así, el pochteca podía ir a habitar la región del sol. Este ritual se llevaba a cabo en el *quauhxicalco* o patio central del templo. Cuando se daba el caso de que el pochteca hubiese muerto por enfermedad y no a manos del enemigo, en lugar de llevarlo al patio del *teocalli* lo quemaban en el de su casa al atardecer, a la hora de la puesta de sol. Después de los preparativos iniciales de la partida expedicionaria, llegada la noche los *pochtecas* emprendían el viaje. Una vez que comenzaba la marcha estaba totalmente prohibido volver la cara atrás, pues hacerlo constituía una gran falta que se consideraba de mal agüero. Al caminar, los mercaderes formaban dos largas hileras, una a cada lado del camino. Los de más bajo rango y los esclavos se encargaban de llevar las mercancías que habrían de intercambiar.

Todas las rutas por las que transitaban estaban establecidas de antemano. En determinados lugares del camino se encontraban albergues, para que los mercaderes pudieran descansar y pasar la noche. En el momento mismo que llegaban a estos paraderos, juntaban sus báculos en haces, los colocaban en las cabeceras donde iba a dormir y daban principio los sacrificios de autoflagelación: frente a los báculos derramaban sangre de sus orejas o de la lengua, ofrecían copal y hacían fuego en honor de su dios Yiacatecuhtli, para que los protegiera de cualquier peligro que pudiera asecharlos. Antes de entrar en regiones desconocidas, enviaban un mensajero que avisase a las autoridades locales de su arribo. En las ocasiones cuando podía haber peligro de ataque, preferían descansar de día y entrar en las poblaciones de noche, como medida preventiva ante cualquier maniobra adversa. Los pochtecas eran muy valerosos y para obtener beneficios mercantiles no dudaban en recurrir a diversas artimañas.

Las rutas que seguían los comerciantes se dirigían hacia el Sur, aunque se tiene noticia de que establecieron comercio con los purépechas del Occidente. El centro comercial más importante del sur fue Xicalango. A este punto también llegaban los mercaderes mayas, por tierra y agua, y los productos de la región quiché. Xicalengo se comunicaba con la región central a través de Tuxtepec; por ende, centro comercial de gran relieve donde se encontraban productos mixtecos y zapotecos. En el tránsito por Tuxtepec, los pochtecas recogían los productos y mercancías totonacos y de otros grupos de los alrededores. Puede decirse que la ruta que seguían era la siguiente: de la ciudad de Tenochtitlan salían canoas hacia la ribera que conducía al camino de Teotihuacan; después, rodeaban el territorio tlaxcalteca y llegaban a Tehuacan, de donde pasaban a Teotitlan para llegar, por fin, a Tochtepec, donde hacían la primera parada importante, comerciaban y continuaban hacia Xicalanco. Cuado salían de Tuxtepec se dividían en dos grupos: por un lado se iban los pochtecas tlatelolcas y por el otro los tenochcas. Cada grupo se dedicaba a intercambiar sus propias mercancías: mantas de piel de conejo, telas, joyas de oro, *huipiles*, orejeras de cobre y obsidiana, cuchillos, cochinilla, perfumes de hierbas, plantas medicinales y otras cosas más, a cambio de las cuales obtenían *chalchihuites*, jadeitas, conchas marinas, conchas de tortuga, pieles de jaguar y puma, plumas de quetzal y *xiutótotl* (ave de plumaje muy hermoso), ámbar, etcétera. Antes de entrar en las ciudades que marcaban su recorrido, enviaban mensajeros que llevaban al *Tecuhtli* de la ciudad objetos como mantas, enredos, *huipiles* y orejeras, con el fin de propiciar una buena acogida. A su vez, los *tecuhtlis* de cada ciudad los recompensaban con diversos artículos.

Al regreso de sus peregrinaciones mercantiles, ofrecían a su dios el sacrifico de esclavas y esclavos vestidos con los atributos del mismo. Los sacrificios y ofrendas continuaban hasta llegar a Itzcan, donde tomaban el camino que había de conducirlos a Chalco. Entonces se embarcaban y cubrían sus mercancías por completo para que no se viesen y causaran tentación a los ladrones. Para embarcar esperaban la llegada de la noche. Al otro día, después de haber pernoctado en casa de algún pariente, que no en la propia como medida de seguridad, iban a rendirle cuentas al jefe para enseñarle lo que habían traído y contarle sus andanzas por las tierras recorridas. Asimismo, ofrecían a todos los mercaderes y señores principales una convivencia a la que llamaban *lavatorio de los pies*, en la cual todos reverenciaban a los báculos que les habían posibilitado el buen regreso de tan arduo viaje. En el convite ceremonial, el báculo se colocaba en el templo del *calpulli*, junto a una ofrenda de comida, flores y *acayetl* (tabaco), después de lo cual todos los participantes iniciaban el festejo con comida y bebida.

VI
Los Judas y los mamones del Sábado de Gloria

El origen de los Judas

Cuando hablamos de los acartonados Judas no podemos dejar de aso-
ciarlos con la festividad del Sábado de Gloria, ya que es para este día
cuando los artesanos fabrican sus muñecos con armazón, o "alma",
de carrizo o alambre recubierto de cartón engomado, lo cual permite
darle la forma deseada al Judas para después pintarlo y decorarlo con
anilinas.

Sobre el origen de este muñeco existen varias hipótesis. La primera
nos cuenta que, en tiempos pasados, en España se tenía en gran esti-
ma a la pirotecnia, la cual fuera un aporte cultural que los árabes llevaron
a la península ibérica a raíz de su conquista en el año de 711 por las
fuerza de Tarik y que no terminaría sino hasta 1492. Pronto, los juegos
pirotécnicos y los atronadores cohetes se incorporaron a algunas de las
fiestas españolas. Tal fue el caso de la fiesta dedicada a san José, el 19 de
marzo, organizada por el gremio de los carpinteros. Éstos acostumbraban elaborar muñecos de madera con los sobrantes de sus talleres, que
quemaban con pólvora. La fiesta, poco a poco, se volvió una tradición

que aún se practica en la actualidad, en las llamadas Fallas de Valencia. Al respecto, el *Diccionario Enciclopédico Espasa Calpe* nos refiere:

> *(Fallas) Hoguera que en la región valenciana... acostumbran formar los carpinteros con sus virutas, la víspera de san José, su patrono. Costumbre inspirada en el hecho anterior, consistente en quemar la noche el 19 de marzo, fiesta de san José, los tinglados de madera, cartón y tela llamadas fallas que, en forma de monumento, levantan los vecinos de cada barrio con carácter humorístico y alusivo a alguno de sus convecinos, o a temas de actualidad... las fallas... van decoradas con* ninots *o* monigotes...

Otra versión nos remite a la España medieval, donde existía un personaje conocido con múltiples nombres, quien luchaba contra la señora Cuaresma y siempre salía derrotado y moría. Entre los nombres con los cuales se le designaba tenemos: San Tragantón, Carnistoltes, Pelele, Pedro Pérez, Perepalo, Perote, Meco, San Estoido, Sant Antruejo, Santo Burlesco y Don Carnal. Dicho personaje era un muñeco hecho de paja, a quien solía paseársele por las calles al son de la música, para después ser enjuiciado y sentenciado a morir quemado en la hoguera. La ceremonia se efectuaba el martes de carnaval aunque, en algunos sitios, se celebraba el Miércoles de Ceniza. Es curioso y necesario hacer notar que en la provincia de Santander de Castilla la Vieja, al muñeco se le conocía con el nombre de Judas o Antruido.

En Madrid el Miércoles de Ceniza tiene lugar una ceremonia que se denomina el Entierro de la Sardina: se recorren los barrios de la ciudad con cantos y música y se lleva un muñeco que porta en la boca una sardina. La fiesta termina cuando se entierra a la sardina y los participantes comen y beben con alegría.

Pero si el carnaval se representa con un muñeco, la Cuaresma también tiene derecho a simbolizarse. Dos eran las muñecas de su iconografía: una llamada la Entenada de Miércoles Corvillo; se la veía vieja y de carnes muy flacas. Se hacía de cartón o papel o se grababa en madera. Las siete semanas de que consta la Cuaresma se representaban por medio de siete delgadas piernas que salían de su saya. La vestían con un manto negro, en la cabeza se le colocaba una corona y en las manos enarbolaba un cetro de espinacas. Cada que transcurría una semana, se le arrancaba una pierna. Cuando terminaba el periodo de Cuaresma, la degollaban o la partían por la mitad. La otra muñeca consistía en una mujer de gran busto, fea como ella sola y harapienta hasta la ignominia.

El señor Judas llega a México

Cuando los frailes franciscanos llegaron a México a raíz de la conquista española en el siglo XVI, venían dispuestos y decididos a implantar el catolicismo entre los vencidos indígenas. Para ello apelaron a varias tácticas de adoctrinamiento como el teatro, la música y las fiestas. Una de éstas consistió en implantar los *ninots* de las Fallas de Valencia como una magnífica estrategia evangelizadora y ejemplificadora.

La fecha de las Fallas estaba muy cercana a las celebraciones de Semana Santa, lo cual aprovecharon los clérigos para elaborar un monigote a imagen y semejanza del apóstol traidor: Judas Iscariote. Esta alegoría permitió a los indígenas darse cuenta de la grandeza de la religión católica, además del negro futuro que esperaba a aquellos que renegaban y traicionaban al Hijo de Dios. De esta manera, la quema de Judas se impuso en nuestro país como tantas otras costumbres y tradiciones populares que llegaron de España, pero que con el paso del tiempo se enriquecieron con el aporte y adaptación de la cosmovisión indígena y mestiza.

La fecha exacta cuando se celebró la primera quema de Judas no la conocemos, puesto que no ha llegado a nosotros ningún testimonio de los primeros cronistas. Sin embargo, es posible deducir que la costumbre se haya iniciado a partir de 1521, fecha de la derrota de los mexicas. El historiador Luis González Obregón plantea la posibilidad de que los Judas hayan surgido en la misma época cuando se instauró la Santa Inquisición y se llevaban al cabo los actos de fe o quemas públicas de herejes en Nueva España. Entonces, el pueblo parodiaba las ejecuciones del Santo Oficio por medio de la elaboración de efigies de cartón a la manera de los oidores y demás autoridades españolas. Es nuestra opinión que, en este momento histórico, los Judas abandonaron su función adoctrinadora para convertirse en muñecos contestatarios de las arbitrariedades de la oligarquía hispana. Oigamos a González Obregón:

> *Durante Semana Santa se vendían muñecos que simbolizaban a Judas Iscariote, junto con otro tipo de muñecos que eran representaciones de los herejes, los cuales al terminar los autos de fe inquisitoriales se quemaban como consecuencia de la sentencia establecida por el Santo Tribunal... los niños con esa tendencia imitativa que les caracteriza, después de presenciar los autos de fe se iban a jugar a sus casas y quemaban muñecos que fingían ser los reos del Santo Oficio.*

Los oidores y los regidores españoles montaron en cólera cuando vieron sus caras reproducidas en estos peleles de cartón y prohibieron su quema. Sin embargo, la prohibición no tuvo efecto y la costumbre continuó contra viento y marea. En esa ya lejana época, los Judas se quemaban en la plaza de El volador.

Transcurrió el tiempo y, a mediados del siglo xix, a pesar del carácter contestatario de los Judas y de las continuas prohibiciones a las cuales se vieron sujetos, los efímeros muñecos se negaron a desaparecer con muy justa razón.

El Sábado de Gloria, y aun desde el Jueves Santo, los vendedores de Judas y de matracas hacían su aparición por las calles de la ciudad de México. El matraquero, persona muy querida y celebrada, clavaba sus juguetes acomodados en una vara de carrizo. Las matracas, cuyo sonido simboliza el ruido de los huesos rotos de Dimas y Gestas, los dos ladrones que acompañaron a Cristo en el monte Calvario, destacaban por su colorido y variedad. Las había de madera adornada con mueblecitos, violincitos, guitarritas, macetitas, cubetitas, escobitas. Otras se engalanaban con figuras de cera que representaban chinas poblanas, bailarinas, charros, frutas y flores. El pueblo compraba estos dos tipos de matracas, ya que no eran onerosas y sí bastante asequibles. En cambio, las hechas de oro y plata, marfil y hueso con sus dijes de filigrana no se compraban con el matraquero, sino en las tiendas de la calle de Plateros. Eran costosas y sólo podían ser adquiridas por las personas adineradas.

En cuanto a los juderos, llevaban un palo de madera al que suspendían los rojos diablos cornudos y alados, o los charritos sombrerudos y panzones colocados sobre una tablita o un cartón. El judero era un personaje que llevaba camisa de manta, pantalones de dril, huaraches de cuero, sarape trincado al hombro y sombrero de palma tejida.

Junto a estos dos vendedores ambulantes que la historia no ha permitido desaparecer aparecía otro personaje no menos querido, a quien se conocía con el hoy dudoso nombre de mamonero. Este solicitado señor llevaba sobre su cabeza un tablón de madera sobre el cual colocaba las rosquillas y los mamones, bizcochos de harina y huevo parecidos al panqué y al marquesote.

A las diez de la mañana del Sábado de Gloria, las campanas de Catedral se echaban a repicar bulliciosamente y la artillería ponía a funcionar sus cañones y armas con gran estruendo. Dichas acciones tenían por objeto anunciar que el sacerdote que oficiaba la misa entonaba ya el *Gloria in Excelsis Deo*, señal inequívoca de que se había llevado a cabo la resurrección de Jesucristo. Entonces, en este preciso momento, en las principales calles de la ciudad, como Tacuba y San Francisco, se efectuaba la famosa quema de Judas. Los enormes muñecos tenían colgados de sus cuerpos de cartón chorizos, dulces, regalitos, bolsas con panes y hasta tripas con aguardiente. Cuando el pelele estallaba, éstos volaban sobre la multitud siempre dispuesta a atraparlos y disfrutarlos.

Horas más tarde, la multitud dejaba la fiesta y el barullo para dirigirse a la plaza de Santo Domingo. De ahí salía una procesión que conducía el Santo Entierro hasta la iglesia de la Concepción. Por supuesto que Santo Domingo se convertía en una verbena donde las personas podían tomar pocillos con chocolate que compraban en los portales, acompañados de mamones y rosquillas que ofrecían los mamoneros. Con estas diversiones se terminaban los festejos del Sábado de Gloria.

A todo esto, los Judas continuaban su trayectoria de muñecos contestatarios que muchos problemas les había ya ocasionado. Y así, el 17 de marzo de 1853, siendo dictador Santa Anna, el coronel Miguel María de Azcárate dio a conocer este decreto:

Que con objeto de evitar los abusos que suelen cometerse con motivo de las selvas (sic) que hacen el Sábado de Gloria y con el de conservar la antigua costumbre de que ese día y el Jueves y el Viernes Santos no transiten por la ciudad carruajes y cabalgaduras, he determinado lo siguiente:

> *Primero: En la selva del referido Sábado de Gloria no se tirarán cohe-*
> *tes a mano, ni se dispararán armas de fuego de ninguna clase, ni se*
> *quemarán o venderán los muñecos que vulgarmente llaman Judas,*
> *siempre que tengan algún vestido o distintivo con que se ridiculice a*
> *alguna clase de la sociedad o a alguna persona determinada... El que*
> *quebrante las anteriores disposiciones, pagará una multa de uno a*
> *diez pesos o sufrirá la pena de cincuenta días de grillete, sin perjuicio*
> *de la que imponga el juez competente por los perjuicios que cause*
> *la infracción que cometa o por el reclamo que hagan los agravantes*
> *con ella.*

Sin embargo, esta prohibición no acabó con los Judas. Años después, durante el gobierno imperialista de Maximiliano de Habsburgo (1864-67), aún existían y daban dolores de cabeza a las autoridades, las cuales, a raíz de una derrota del ejército francés, prohibieron la quema de Judas ante el rumor de que los artesanos iban a reproducir las efigies de los generales invasores y aun de los emperadores. Ese año no hubo quema de Judas, evidentemente.

No obstante, la costumbre revivió, pues en los años que conforman la década de los cincuenta, los Judas se quemaban en el barrio de la Merced, en las iglesias de Regina, La palma, San Pablo el nuevo y la Profesa. Los comerciantes de estos rumbos solían obsequiar ropa y zapatos para que fuesen colgados en los Judas. En este tiempo, los personajes que hacían los juderos se habían diversificado mucho. Así, surgieron Cantinflas, el Santo, Pancho López, el Cavernario Galindo y otros personajes de origen extranjero como el Pato Donald, Mickey Mouse, Mimí, etcétera, que desvirtuaron nuestra cultura popular.

El 20 de marzo de 1961, el entonces Departamento del Distrito Federal prohibió la venta de cohetes, por lo cual la quema de Judas fue suspendida por temor a las multas. Lo mismo sucedió en 1988, cuando se produjo un accidente en la Merced y el regente prohibió la venta de cohetes para ser utilizados en cualquier festividad.

En la actualidad pueden comprarse Judas en los mercados de la Merced, Sonora y Jamaica, así como con los juderos que venden sus muñecos en carros de madera o colgados en varas de palo y que ofrecen su mercancía por las calles céntricas de la ciudad. A pesar de tantas prohibiciones a las cuales han estado sujetos los Judas de cartón y a los funestos procesos mundiales de globalización que repercuten sobre nuestra identidad, los muñecos de Semana Santa aún se elaboran pues, a Dios gracias, la cultura popular es lo bastante fuerte para resistir los embates de las adversas circunstancias sociales que se presentan y se han presentado en la historia de nuestro pueblo.

Cómo se elabora un Judas

Los Judas se comienzan a construir desde el mes de enero. Los hay de muy diversos tamaños. Los artesanos los hacen de no más de diez centímetros, o muy grandes, como algunos que se han hecho de hasta cinco metros. Existe una relación directa entre el tiempo que se emplea en su manufactura y su tamaño. Algunos Judas pueden significar 48 horas de trabajo, y otros requieren 162 o más horas dedicadas a su elaboración.

Los Judas pequeños suelen hacerse en moldes. El antropólogo Víctor Inzúa, investigador de las tradiciones populares, en su folleto *Artesanías en papel y cartón*, nos dice respecto del uso de moldes:

> *Una de las técnicas empleadas es el uso de moldes de barro, yeso o madera —y el primer paso es untarles sebo—, después, una vez remojado el papel de estraza, se empapa de engrudo y se va sobre-*

poniendo en el molde en pedacitos muy pequeños hasta conseguir el grosor necesario que le permite obtener la dureza adecuada, que generalmente se consigue con dos capas de papel. Después, estos objetos se ponen a secar al sol; cuando urge el trabajo lo secan cerca de la estufa de petróleo. Ya seco lo cosen con hilo o lo pegan para unir esas partes que compondrán la pieza. Luego sigue la decoración, cuyo primer paso será blanquear la figura con blanco de España o pintura blanca, para que le dé cierta textura. Después se va decorando la figura con los colores deseados, ya sea con pinturas que los artesanos mismos hacen o que adquieren en los centros comerciales.

Para elaborar los Judas de mayor tamaño se utiliza un armazón de carrizo. Este material debe limpiarse muy bien, a fin de no dejar parte de la pulpa que se pudre y echa a perder la creación del artesano. Durante el proceso de trabajo, el carrizo se moja con frecuencia para mantener la flexibilidad que permitirá dar forma al monigote. A la estructura que se forma con el carrizo se la conoce con el nombre de *alma*. Cuando no se emplea esta fibra vegetal, es frecuente utilizar alambre amarrado con cuerdas enceradas. Ya que está preparada el alma, se cubre con papel y engrudo hasta obtener la forma deseada. A continuación se procede al secado y, después, a la decoración. Es común que los artesanos de la ciudad de México compren el carrizo en los mercados de la Merced, Sonora y Jamaica. Adquieren los cestos que se utilizan para transportar objetos de cerámica, los desbaratan y así obtienen largas tiras de carrizo.

VII
La alfarería

¿Qué es la alfarería?

La alfarería es la actividad productiva que permite al artesano elaborar diversos objetos con barro, por medio de técnicas y acabados, que requieren una cocción o cochura con el fin de endurecerlos y hacerlos aptos para su utilización en la vida diaria.

La palabra *alfarería* proviene del árabe *al-fahar*, que significa "el alfarero"; es decir, el que elabora vasijas de barro; aun cuando en su uso antropológico, dicho concepto comprende objetos de tan diversa índole como graneros, hornos, moldes, recipientes, juguetes, collares y casas, entre otros más.

¿Cuándo surgió la alfarería?

El arte de la alfarería ha acompañado al ser humano desde épocas muy antiguas. Lo encontramos ya en el periodo Paleolítico, cuando se elaboraban representaciones de diosas relacionadas con la maternidad y el culto a la fertilidad. La pieza más antigua de alfarería que conocemos es una vasija que proviene de la prehistoria de Japón, fechada en el año 10000 a.C. Trozos de cerámica muy antigua se han encontrado en China; el empleo del carbono 14 permiten situarlos entre los 14000 y los 9000 años a.C.

Los primeros alfareros surgieron en Mesopotamia; a ellos se deben las herramientas que permitieron trabajar el barro, además del torno y el horno para cocer los objetos producidos. En el Alto Egipto, en la fase cultural Naqada I, misma que dio inicio en 4500 y terminó en 3500, ya se conocía la agricultura y se enterraba a los muertos con sus ofrendas funerarias, entre las que pueden verse vasijas de terracota roja con decoraciones en color blanco y de formas geométricas como triángulos, semicírculos y espigas.

Es muy posible que la alfarería haya derivado de la cestería, o sea, el arte de tejer fibras naturales para obtener cestas y recipientes contenedores. Es factible que en algún asentamiento humano, por accidente, una cesta se haya recubierto de barro y en cercanía con el fuego se quemara hasta endurecerse; hecho que bien pudo dar a la mujer la idea de crear, *ex profeso,* recipientes de arcilla. Una hipótesis bastante aceptada señala que correspondió la honra de descubrir la cerámica al sexo femenino.

Lo que sí sabemos con certeza es que la alfarería se convirtió en una actividad productiva importante, cuando el hombre de la etapa neolítica dejó su vida nómada para convertirse en sedentario y la necesidad lo obligó a cocer los cereales y vegetales que componían su dieta diaria; ya que, anteriormente, se había conformado con asar la carne que obtenía de sus andanzas como cazador.

En nuestro continente, el sitio donde se ha encontrado cerámica con decoración incisa, con pintura rojo precocida, o blanca y amarilla es Colombia, donde la más antigua proviene de San Jacinto y data de 3900 años a.C. En Venezuela tenemos la de Rancho Peludo, de 1860 años a.C.

En Perú encontramos la cerámica de Las Haldas, fechada en 2820; y en Estados Unidos de América podemos hablar de una cerámica de 2550 años, por supuesto previos a nuestra era.

¿Cuándo aparece la alfarería en México?

La alfarería apareció en la zona cultural denominada Mesoamérica, la cual comprende México, durante un periodo muy antiguo que, en términos arqueológicos, se conoce como el Horizonte Preclásico Inferior, alrededor de 1800 a 1300 a.C. Se trata de una cerámica muy desarrollada en su técnica, forma y calidad, cuya máxima expresión la encontramos en Cuicuilco, Ticomán, Zacatenco, San Cristóbal Ecatepec, Tetelpan, Tlapacoyan, Xico y otros lugares del valle de México. Hacia el Preclásico Medio (1300-800) surgen las llamadas *mujeres bonitas*, a la manera de las de Tlatilco, con los rasgos sexuales femeninos muy destacados, las cuales se utilizaban como parte de los ritos propiciatorios agrícolas.

Los artistas de este periodo ejecutaron con admirable destreza trípodes, platos, comales ovales, botellones zoomorfos, cajetes, cántaros, tinajas y variadas figurillas humanas modeladas con la técnica del pastillaje que aparecen en ofrendas funerarias. Desde entonces, los alfareros han continuado con la tradición de trabajar el barro, la cual se ha convertido en una importante expresión artística de nuestro país, tanto por su amplia distribución como por su belleza.

¿Cómo se prepara el barro para la alfarería?

El barro es la materia prima con la cual trabajan los artesanos alfareros. Sin embargo, debemos aclarar que no todos los barros son adecuados para elaborar objetos ya que es necesario que posean ciertos componentes químicos que les permitan obtener determinada plasticidad para ser manejables. El barro es una sustancia de grano fino compuesto de sílica, alúmina y agua. A veces contiene hierro, álcalis, tierras alcalinas y caolín. La sílica y la alúmina combinadas con agua forman el barro alfarero fundamental, cuya fórmula química se expresa así: Al_2O_3 $2SIO_2$ H_2O.

A veces sucede que el barro es plástico en exceso, se pega a las manos y su manejo se dificulta. Para remediar este problema, algunos artesanos le agregan cuarzo, tepalcates molidos, arena, conchas u otras sustancias que consideran adecuadas. Así, por ejemplo, en Metepec, Estado de México, y en Tlayacapan, Morelos, los artesanos emplean la plumilla o pelusa de la flor de tule para suavizar el barro. En cambio, en Silao, Guanajuato, se emplea arena de río mezclada con estiércol.

El alfarero se procura el barro de yacimientos que existen en los alrededores de su comunidad, más o menos alejados de sus talleres o casas. Una vez que lo ha seleccionado, en su centro de trabajo lo lava, retira las piedras o basuritas que tenga, lo deja secar, lo muele y le agrega las sustancias que requiera para su óptima plasticidad.

¿Cómo trabaja el alfarero?

Con el barro ya preparado y listo para usarse, el alfarero o la alfarera —pues no debemos olvidar que en esta rama artesanal participan tanto los hombres como las mujeres— puede optar por tres técnicas fundamentales para dar forma a sus piezas. La primera y más antigua la denominamos *modelado a mano*; con ésta se elaboran los objetos sólo con las manos, a partir de uno o varios rollos de barro, o bien se da forma a un trozo de arcilla; tal como lo hacen en la actualidad los artesanos de Tepalapa (Chiapas). La segunda técnica consiste en modelar el barro por medio de *moldes* o *patrones* de barro cocido y yeso. En términos tecnológicos más avanzada que la anterior, esta técnica se empleaba ya en el México prehispánico por los pueblos de los horizontes Clásico, Posclásico e Histórico. La tercera técnica, el *torneado*, permite al artesano fabricar sus piezas en un torno, el cual consiste en un disco que se impulsa por medio de electricidad o de los pies, para hacer girar una superficie circular en cuya parte superior se coloca un trozo de barro. Hay tornos más elementales que consisten en una simple tabla o cualquier pieza plana que se coloca sobre una superficie curva y se le imprimen movimientos giratorios. El torno no fue conocido por los alfareros del México precolombino sino que se introdujo a partir del siglo XVI, a raíz de la conquista hispana.

La cocción o cochura

Cuando el artesano ha terminado de labrar o de darle forma a una pieza, la pone a secar a la sombra. Ya que está seca por completo, la cuece. A esta operación se le llama *quema* o *cochura*.

La cocción del barro puede realizarse en hornos circulares abiertos por arriba, como se usan en la mayoría de los centros alfareros. Sin embargo, también suelen emplearse hornos bajo tierra, como en San Bartolomé Coyotepec (Oaxaca); o a la intemperie, sobre el piso, tal como se acostumbra en Amatenango del Valle (Chiapas). El combustible para calentar los hornos es muy variado: puede ser leña, boñiga, petróleo, gas o electricidad. Estos dos últimos se emplean para cocer piezas de alta temperatura; es decir, de 1200 °C, como es el caso de la mayólica, o talavera, recubierta de esmaltes a base de óxidos de plomo y estaño, la cual se cuece en hornos de gas o del llamado tipo morisco.

¿Cómo se decora una pieza de alfarería?

Para dar un bello acabado y decorar una pieza, el alfarero utiliza varias técnicas. Puede emplear el alisado, que consiste en eliminar las asperezas de un objeto para dejarlo suavecito al tacto. O bien, puede bruñirlo antes de cocerlo: lo frota con una piedra o un trozo de metal para darle un acabado brillante. El artesano también suele decorar su pieza por medio del calado, en cuyo caso perforará el barro crudo para formar decoraciones geométricas o fitomorfas. Otras veces aplica un colorante de origen mineral al barro que se conoce con el nombre de *engobe*, muy empleado en el acabado de los cántaros. Asimismo, el artesano puede practicar incisiones en la pieza sin hornear, con el fin de lograr un bello esgrafiado. El esmaltado se obtiene cuando al objeto se le aplica esmalte y se cuece; si el esmalte es vidriado, el artesano obtendrá una buena impermeabilización de la pieza. Cuando el objeto cerámico está cocido y se aplican sobre él dibujos monocromáticos o policromados, se dice que el artesano ha empleado la técnica del pintado. Por último tenemos el pastillaje, el cual sirve para decorar la pieza por medio de la aplicación de figuras hechas del mismo barro, como podemos observar en las muñecas que se elaboran en Atzompa (Oaxaca), y que además conservan el bello color natural del barro claro.

Las piezas de alfarería tienen diferentes usos: el doméstico, como los jarritos que solemos utilizar para beber atole o café; el ornamental, como los árboles de la vida de Izúcar de Matamoros (Puebla), con los cuales adornamos nuestra casa; el ritual, como los incensarios de Yecapiztla (Morelos), en los que quemamos copal para nuestros difuntos, y el lúdico o de diversión, tal como las muñecas de barro de Tehuantepec (Oaxaca), llamadas *tanguyús* y que se regalan a las niñas con motivo de Año Nuevo.

¿Cuáles son los principales centros alfareros en México?

La alfarería es una de las principales ramas del arte popular que se distribuye a todo lo largo del país. Su importancia radica justo en esa enorme distribución y, por supuesto, en la finura y belleza con que las mujeres y los hombres del pueblo ejecutan sus piezas. Podemos decir que existen alrededor de 75 centros alfareros que destacan por la maestría de sus artesanos. Así, por ejemplo, en Puebla encontramos a Acatlán con sus cántaros, cajetes, *apaxtles* y *chimbules*; a Izúcar de Matamoros, sitio que destaca por sus muñecos animales, sus candeleros y sus famosos árboles de la vida y la muerte; está también Huaquechula, donde se labran figuras para Día de Muertos y Navidad.

En Oaxaca tenemos a San Bartolo Coyotepec, donde se producen ollas, cántaros, *pichanchas* y sirenas; Jamiltepec destaca por sus juguetes a la usanza prehispánica; Tehuantepec, por sus muñecas y caballitos; y San Blas Atempa, por sus ollas y tinajeras para enfriar agua.

En Michoacán podemos mencionar la cerámica de Capula y sus vasijas, macetas y ollas vidriadas; las piñas y poncheras verdes de San José de Gracia; de Patamban nos asombra su loza vidriada en verde; y de Tzintzuntzan, sus *cuichas* y *tachas*. Y no podemos dejar de mencionar las increíbles figuras de Ocumicho.

En Jalisco encontramos poblaciones que fabrican loza vidriada con decoración pintada al estilo petatillo, loza de tipo bandera, loza canelo de motivos florales y juguetería policromada de Salatitlán y Santa Cruz.

Basten los ejemplos anteriores para darnos una somera idea de la enorme producción alfarera que se elabora en nuestro país día con día, para consumo local o para distribuirla a diferentes mercados nacionales y extranjeros.

VIII
El arte de la cartonería

Pero el Sábado de Gloria
mención especial merece,
porque cuelgan a los Judas
de chanza, pero sucede
en memoria aborrecible
del traidor apóstol trece, (*sic*)
que falta a su compromiso,
que hipócrita al maestro vende
y que con pérfidos besos
al mejor amigo pierde.

Fragmento de una letrilla
publicada en el periódico *El siglo XIX*,
el 30 de marzo de 1850

El inicio de la cartonería en el México colonial

De entre el polifacético mundo del arte popular mexicano destaca el frágil, efímero, colorido y tradicional arte de la cartonería. Es la actividad creativa que, por medio del cartón y el papel, logra espectaculares piezas artísticas.

La cartonería mexicana no es de raigambre prehispánica. En nuestro país se inició durante los primeros años del virreinato, es muy posiblemente que hacia la primera mitad del siglo xvi, cuando los primeros frailes franciscanos, en su afán evangelizador, implantaron en nuestra tierra las principales festividades del calendario cristiano.

Tal es el caso de las famosas misas de aguinaldo, instauradas por fray Diego de Soria en el cercano convento de San Agustín de Acolman, mismas que darían lugar a las tradicionales posadas, tan propias de nuestra cultura popular. En dichas celebraciones, efectuadas nueve días antes de la Navidad, se acostumbraba romper la piñata, maravilloso juguete alegórico con alma de barro y vestimenta de cartón y papel de China que niños y adultos golpeaban con beneplácito. En un principio, las piñatas se rompían el llamado Domingo de Piñata, que correspondía a la doménica siguiente al Miércoles de Ceniza.

Sonia Iglesias, en su libro *Navidades Mexicanas* nos relata:

La primera piñata que conoció la Nueva España se hizo y se quebró en Iztacalco. Este memorable acontecimiento fue pintado por el artista Juan Rodríguez Juárez (1625-1728). En su cuadro pueden verse dos piñatas sostenidas desde la azotea de una iglesia por dos indios, mientras que otros, alborozados y vendados, juegan alrededor de ella... Juan de Grijalva, conquistador y fraile español, aseguraba que la olla representaba a Satanás, y que su colorido y adornos fungían como anzuelo para atraer a la humanidad hacia el pecado. La colación y las frutas que encerraban las piñatas simbolizaban los placeres desconocidos que se ofrecían a los hombres para llevarlos a su perdición. La persona vendada para pegarle a la piñata encarnaba la fe, puesto que ésta debe ser ciega. El acto de golpear la olla implicaba la destrucción del mismísimo demonio, cuando el hombre, valiéndose de su fe, destroza las malas pasiones. Es también sugerente pensar que los picos de la tradicional estrella representan los siete pecados capitales.

El 6 de enero, Día de la Epifanía o Aparición, los tan esperados Reyes Magos obsequiaban a los infantes cascos de cartón junto con espadas de madera y muñecas de trapo para las niñas. Asimismo, el día de San Juan Bautista, celebrado desde la Colonia el 24 de junio, los artesanos fabricaban máscaras barbadas, caballitos y sombreros de pico con el cartón y el papel.

Para el Sábado de Gloria, como ejemplo edificante del adoctrinamiento cristiano, se elaboraban para ser quemados enormes Judas de cartón que representaban diablos, brujas y alguno que otro personaje de la autoridad no muy apreciado por el pueblo, a quien de manera simbólica y catártica destruían por medio del fuego. Así, con la quema de los monigotes se cumplían dos cometidos: castigar, el día de la sepultura del Señor Jesucristo, al traidor Judas Iscariote por haberlo vendido por treinta monedas, y desfogar las ansias populares contra las frecuentes arbitrariedades del gobierno virreinal.

En las celebraciones de Corpus Christi, en que se conmemora el sacramento de la santa eucaristía, se acostumbraba regalar a los niños la famosa tarasca, especie de dragón alado de cartón, con ruedas en las patas y cola en forma de lanceta, réplica en miniatura de la figura que salía en las procesiones de Corpus, acompañada por las tarasquillas: monigotes de madera que se subían al lomo de la tarasca y de un grotesco gigante llamado Mojigón. La tarasca bien podría ser el digno antecesor de los alebrijes y tiene su origen en una leyenda acerca de santa Marta. La tal tarasca vivía en Tarascón, en Provenza, la cual con frecuencia solía causar estragos. Era un animal de seis patas cortas, con torso de buey, caparazón de tortuga y cola con escamas que terminaba en un horrible aguijón, a la manera de los alacranes. Su cabeza, parecida a la de un león, ostentaba orejas de caballo. El rey de Tarascón había tratado de aniquilarla, sin éxito alguno. Entonces llamó a santa Marta, quien, por medio de sus plegarias, hechizó al monstruo y lo domó. Sin embargo, los habitantes, asustados ante la bestia, la mataron sin piedad.

Una de las fiestas más importantes de nuestro país ha sido, sin lugar a dudas, el Día de Muertos. Para esta fecha, desde antaño los artesanos del cartón han elaborado juguetes alusivos a la muerte: esqueletos, cráneos multicolores, esqueletos, entierros y tumbas de tétrico color negro. Arte en cartón que, por desgracia, poco a poco tiende a desaparecer, sofocado bajo la supuesta modernidad.

Con el paso del tiempo, el arte de la cartonería trascendió la etapa virreinal y nuevas expresiones vinieron a enriquecerlo. Entonces aparecieron las cornetas de cartón, los cascos militares al estilo etrusco, romano o de soldado insurgente, máscaras zoomorfas y gorros de hada y pastora que los padres compraban a sus hijos en las verbenas de los días 15 y 16 de septiembre, festividades instituidas por decreto de la Regencia el 2 de marzo de 1822.

Sin lugar a dudas fue en el siglo XIX cuando sobrevino el auge de la cartonería y el nacimiento de las clásicas gordis: muñecas articuladas, pintadas y decoradas con diamantina que las niñitas de padres de escasos recursos recibían como sustitutas de las costosas muñecas de porcelana llegadas de Europa para las niñas ricas.

El arte de la cartonería en nuestros días

Fabricar objetos artísticos con un material de apariencia tan elemental como el cartón, requiere el fundamental don de la creatividad; de esa inspiración intangible y ancestral que poseen con creces los artistas populares mexicanos y que los convierten en verdaderos artífices. Por medio de la aplicación de técnicas y acabados tradicionales, los maestros cartoneros elaboran piezas de arte que bien merecerían una vida más larga que aquella un tanto breve a la cual están condenadas. Los artistas del cartón dan forma a sus creaciones plásticas con el empleo básico del papel recortado y remojado en engrudo. Algunas veces trabajan con moldes y armazones de carrizo o alambre. Con estos sencillos elementos, de las manos de los artesanos surgen máscaras, cascos, muñecas, caballos, tumbas, esqueletos, alebrijes, Judas, personajes de la vida cotidiana y muchas piezas más, coloreadas con anilinas que les proporcionan un luminoso acabado.

En la actualidad, la mayor parte de los objetos de cartonería son juguetes y algunos sirven, aunque parezca redundancia, para jugar; ya que muchas veces, dada la belleza y el alto costo de los mismos, las personas los compran para adornar sus casas, como una pieza muy apreciada que trasciende sus originales funciones lúdicas.

Cada una de las creaciones de la cartonería posee su propia técnica de manufactura. Así, por ejemplo, las máscaras, los cráneos y las calaveras son elaborados con moldes de yeso, barro o madera que untan con sebo para que sirva de aislante y sobre los cuales van pegando trozos de papel cortado, remojado e impregnado con engrudo o cualquier otro pegamento. A continuación, los artesanos dejan secar las piezas al calor del sol o cerca de una estufa, de preferencia de petróleo. Cuando han obtenido el secado deseado, los objetos se pintan con blanco de

España y se decoran con pinturas. Los Judas de menor tamaño también se hacen en moldes. En cambio los grandes, que a veces llegan a medir hasta cinco metros, requieren de una armazón de carrizo, material que debe limpiarse muy bien para que no quede rastro de la pulpa que se pudre y echa a perder el trabajo. Durante el proceso de armado, el carrizo se moja constantemente, a fin de que no pierda su flexibilidad, se rompa y no se pueda trabajar.

El famoso pintor Doctor Atl nos decía acerca de los Judas:

> *A mí me parece que es una expresión genuina, un arte de enorme talento, un caso típico de lo que pasa en México. Se llama arte popular lo que es verdadero arte... Está hecho por gente del pueblo para el pueblo, sin injertos ni sofisticaciones, y va mucho más allá en el camino que intentan los pintores de escuela y galería...*

Los alebrijes, figuras fantásticas derivadas de la cartonería tradicional, suelen elaborarse con "alma", o bien sólo con las manos y el papel engomado para modelar extraordinarias esculturas policromadas. Con el fin de calcular el tamaño y el grosor de los alebrijes, el artesano utiliza la técnica del escantillón, cuyo instrumento es nada menos que la cuarta de su mano, aunque también puede medir por medio de un hilo y una varita. A veces suele dibujar la figura sobre el piso para que le sirva como una especie de patrón. El artesano que mayor provecho supo sacar de los alebrijes, don Pedro Linares, decía que

> *Los alebrijes fueron inventados, ¿verdad?, por ciertas revelaciones que yo tenía; ya de muertes, ya de pingos, de diablos; cosas, pues, macabras, ¿verdad?, podemos decir. Estas cosas me hicieron pensar en hacer figuras como las que hacemos ahora. Hay figuras feas, muy horrorosas, ¿verdad? ¡Pero a la misma vez son muy bellas!*

Así pues, don Pedro se adjudica el invento de estos fabulosos animales y dice que el hecho sucedió en 1936. Sin embargo, existe otra versión, avalada por el grabador Alberto Beltrán, en la cual se afirma que fue José Antoni Gómez Rosas, un pintor apodado "El hotentote", que organizaba los bailes de la Academia de San Carlos y quien, en ocasión de uno de éstos, pidió al cartonero Pedro Linares que hiciera una nave y un alebrije. Para hacerlo debía de coger un Judas y ponerle alas de murciélago y cola de dragón. Notemos que don José Antonio ya desde antes acostumbraba pintar figuras zoomorfas fantásticas y plagadas de imaginación. ¿Cuál será la verdad? No importa mucho, ya que los alebrijes han subsistido hasta la fecha.

Los instrumentos básicos de trabajo de los cartoneros son tijeras, martillos, pinceles de pelo animal, formones, cuchillos, brocas, agujas, lijas y brochas. Como materias primas emplean alambre, barniz, anilinas, blanco de España, cartulina, cartoncillo, carrizo, cola, hilo de cáñamo, madera, otate, japón, sebo, yeso, vinagre y variados tipos de papel como el metálico, de China, estaño, estraza, manila y periódico.

Las más de las veces las artesanías en cartón se fabrican en talleres familiares, acondicionados en la casa para tal efecto. En el trabajo participan, en mayor o menor medida, todos los miembros de la familia, quienes aprenden el oficio en el cotidiano quehacer y adquieren el conocimiento y la experiencia a través de generaciones. En los talleres familiares existe cierta división del trabajo, aunque siempre encontramos el maestro o la maestra que se auxilia de sus oficiales y aprendices.

Entre los lugares más destacados que elaboran la cartonería cabe mencionar al Distrito Federal, la ciudad de Oaxaca, Miguel Allende y Celaya en Guanajuato, Michoacán, Zacatecas y el Estado de México. En Celaya llegó a ser tan importante la producción de juguetes de cartón que hasta hace pocos años los cartoneros estaban organizados por ba-

rrios. En esta ciudad, durante las fiestas de carnaval, los artesanos elaboran máscaras de payasos, animales, viejitos, brujas y sultanes. Usan
moldes de barro, yeso o madera y decoran las máscaras con pinturas,
algodón, pedazos de piel de animales y otros materiales más que se
encuentren al alcance de la mano y del ingenio.

Los coras de Jesús María, en Santa Teresa y el Nayar, en Nayarit,
para la Semana Santa elaboran, con papel maché y moldes, máscaras que
llevan los fariseos, pintadas y adornadas con fibras vegetales. Cuando la
fiesta termina, las máscaras tienen un triste final pues son arrojadas al
río el Sábado de Gloria, como parte de un rito de purificación.

El arte de la cartonería continúa hasta hoy, si bien es cierto que su
producción ha disminuido de manera considerable debido a factores
de índole social y económica que enfrentan los artistas del cartón, para
detrimento de nuestro arte popular mexicano.

IX
In cuicatl in xochitl: flor y canto en la música mexica

Los mexicas fueron el último grupo nahua proveniente de Aztlán, una isla situada en una laguna, posiblemente localizada en el actual estado de Nayarit. Después de un largo peregrinaje, se asentaron en un islote del lago de Texcoco y fundaron una de las más grandes civilizaciones de Mesoamérica.

La música ocupó un lugar muy importante dentro de su cultura y estaba ligada al canto y a la danza de manera indisoluble. Estas tres artes formaban una unidad cuyos elementos dependían unos de otros, pues se cantaba, se bailaba y se tocaba música al mismo tiempo. Los danzantes formaban un gran círculo en cuyo centro se situaban los músicos con sus diferentes instrumentos, según lo ameritaba el género de música interpretado. La música no era sólo pentafónica; por el contrario, sus características estructurales eran ricas y diferentes a las de otras regiones, como nos informan los estudios musicológicos que al respecto se han realizado.

En los palacios del emperador y de los jefes mexicas había un grupo permanente de músicos, danzantes y cantores avocados a su servicio

de manera exclusiva. Se sabe que la música era muy variada y complica-
da, y no elemental como algunos cronistas tratan de hacerlo creer. Los
hallazgos arqueológicos de instrumentos musicales, los dibujos en la
cerámica, las diversas figuras de barro, los códices y algunos relatos de
los cronistas del siglo XVI permiten conocer y deducir la complejidad
de la música y de los instrumentos musicales mexicas.

La música prehispánica no contaba con una notación musical, razón
por la cual no quedó testimonio de las melodías y los ritmos musicales.
Sin embargo, se conoce que hacia los siglos 900-500, a.C., los músicos
habían alcanzado una gama de más de ocho sonidos, además de contar
con un evolucionado sistema de armonías.

La música tenía dos funciones básicas: una ritual ejecutada en las
grandes fiestas religiosas que se efectuaban en fechas determinadas a
lo largo de los 18 meses del año indígena; y otra de esparcimiento, tocada en las fiestas particulares de los palacios y los patios de los señores
de la nobleza. También se tocaba música profana en los mitotes: celebraciones colectivas y populares en las cuales participaban danzantes,
acróbatas, titiriteros y cómicos.

El *Cuicacalli:* la escuela de canto, música y baile

Los mexicas contaban con una escuela especial llamada *Cuicacalli* o
casa del canto, donde se enseñaba canto, música y baile. Era un amplio
edificio con un gran patio central, alrededor del cual se encontraban las
habitaciones y donde se llevaban a cabo las enseñanzas y los ensayos.
El *Cuicacalli* estaba cerca del Templo Mayor de Tenochtitlan, en lo que
ahora es el portal de Mercaderes. Dos sacerdotes tenían a su cargo esta
escuela: el *Ometochtli*, representante del Dios del Pulque; y el *Tlapitz-
caltzin*, Señor de la Casa de las Flautas.

Al *Cuicacalli* acudían los estudiantes del *Calmecac* y del *Telpoch-calli*, las dos grandes escuelas de guerreros y de sacerdotes del Aná-huac, así como los jóvenes provenientes de los *calpullis* o barrios de la ciudad, que mostrasen habilidades para la música y el canto. Los alumnos se escogían con todo cuidado a fin de que se convirtieran en excelentes músicos. Si alguno de ellos desafinaba o ejecutaba un gol-pe o sonido con torpeza, era castigado con severidad e incluso podía recibir la sentencia de muerte si la falta ocurría en el transcurso de una ceremonia.

Cuando los alumnos dejaban la enseñanza y se convertían en mú-sicos gozaban de amplios privilegios, tales como estar libres de impuestos o tributos, en consideración a los importantes servicios proporcionados a la comunidad. En otro edificio llamado *Mixcoacalli* se guardaban los múltiples instrumentos que servían para el aprendi-zaje y ejecución de la música en las festividades dedicadas a los dioses de la región azteca.

Xochilli-macuixochitl: dios de la música, el canto y el baile

Xochipilli era el dios de la música, la danza y el canto. Su nombre signi-fica príncipe de las flores. Tenía dos símbolos calendáricos: *ce Xóchitl*, 1 Flor, y *Macuilxóchitl*, 5 Flor. De ahí su segunda advocación. Su tem-plo se encontraba ubicado detrás de la actual catedral de la ciudad de México. Las ofrendas que se le dedicaban estaban compuestas por los numerosos instrumentos musicales de la cultura mexica. Su figura era la de un hombre desnudo, desollado, con el cuerpo pintado de rojo, una flor en la boca, un escudo con cuatro piedras dibujadas y un cetro en forma de corazón. Se solía representarlo con un tocado de danzante o con un penacho que simulaba la cresta de un ave. En la espalda llevaba un abanico con la bandera enhiesta del Sol, rematada con plumas de quetzal. En las caderas le ponían un paño bordado de rojo. En las manos ostentaba un par de sonajas con las cuales acompañaba el ritmo de sus pasos de danza; sus pies ejecutores calzaban sandalias de oro. Los cronistas hacer referencia a esa deidad y a todos sus atributos. Los mexicas la representaban en los códices, en la escultura, en las figuras de barro y en la decoración de algunos instrumentos musicales que se han encontrado en las excavaciones arqueológicas de la calle de Guatemala.

Los músicos mexicas

Menciono ahora algunos de los músicos más importantes y sus cargos dentro del ámbito musical.

El *tlamacazque* era un sacerdote que vivía en el templo llamado macatlan. Tenía a su cargo tocar los caracoles, flautas y trompetas. Se educaba en el *Calmecac* y aprendía de memoria todos los versos del canto, así como la astrología, la interpretación de los sueños y la cuenta de los años.

El *ometochtli* fue uno de los dos sacerdotes principales que dirigían la escuela de música, conocida con el nombre de Cuicacali. Se le consideraba el representante del Dios del Pulque y era el maestro de todos los cantores. Tenía la obligación de cantar en varios templos.

El *tlapizcatzin*, o Señor de la Casa de las Flautas, era el otro sacerdote encargado del cuidado de la *Cuicacalli*. A él correspondía la elaboración de los instrumentos, a la vez que ejecutaba y fungía como maestro de música. Le correspondía llevar al cabo el canto dedicado a los dioses, así como los cantos que se efectuaban durante el día.

Quaquacuiltzin se le nombraba al sacerdote viejo. En uno de sus hombros llevaba un instrumento llamado *ayochicahuaztli*. En las ceremonias en honor de los dioses de la lluvia, en el mes etzacualiztli, iba delante de la procesión de tocadores de caracol marino.

El *cuicapique* era nada menos que el músico encargado de la composición de los cantos que habrían de ejecutar tanto los alumnos como los maestros.

Los géneros de la música mexica

- La música mágica constituye el género más antiguo entre la música de los mexicas. Se utilizaba en ritos, adivinaciones, maleficios y curaciones y se acompañaba con arco de cuerda y con sonajas.
- La música guerrera se usaba para incitar a los guerreros a combatir. Para ejecutarla se empleaban tambores, trompetas y silbatos a ritmo marcial.
- La música fúnebre se tocaba durante las celebraciones mortuorias, para lo cual se usaban raspadores de hueso, primordialmente.
- La música ritual era tocada durante los ritos de fertilidad, fálicos y del peyote.
- La música religiosa acompañaba los cantos religiosos durante las celebraciones de los dioses.
- La música erótica se ejecutaba para acompañar las danzas y cantos de los jóvenes guerreros y de las *auianime*, mujeres de diversión.
- La música humorística, género de música popular que se utilizaba para las representaciones seculares de teatro y pantomima, tan importantes en la cosmovisión indígena.
- La música profana correspondía a las fiestas de carácter civil, tales como bodas, recepciones y demás celebraciones de este tipo.
- La música íntima comprendía cantos de amor, de muerte, de juegos, de niños y de actividades productivas.

- La música popular la componía *ex profeso* el pueblo para su propio esparcimiento en calles y casas.
- La música de palacio se tocaba en las casas de los grandes señores para acompañar a los juglares, quienes cantaban himnos épicos, o a los artistas de sainetes.

Los instrumentos musicales mexicas

Percusiones:
- El *tetzilacatl* se trataba de un instrumento de concha de abulón que se tocaba con baquetas; podía estar elaborado con piedra o madera. Se guardaba en el mixcoacalli.
- El *huehuétl* era un tambor vertical hecho con un tronco ahuecado y provisto de una membrana de piel estirada. Se tocaba con las manos y se afinaba al calor de un brasero. Se usaba para llamar a la danza y era regidor del canto y del baile. Se colocaba en el centro de los círculos de músicos y danzantes.
- El *panhuéhuetl* fue la versión en mayor tamaño del *huehuétl* y tenía la misma forma y se construía con los mismos materiales.
- El *tlalpanhuéhuetl* era aún mayor que el *panhuéhuetl*. Servía para anunciar la guerra desde lo alto de los *teocallis*.
- El *teponaztli* era un tambor horizontal fabricado con un tronco ahuecado. Se tocaba con baquetas con punta de hule. Con este tambor se regulaba el canto y la danza. Con dos tonos se medían las sílabas de los poemas que entonaban los cantantes. Se usaba en las celebraciones dedicadas a Huitzilopochtli y en las fiestas Tóchcatl, Tlazcochimaco y Panquetzaliztli.
- El *áyotl*, estaba hecho con un caparazón de tortuga que se tañía con astas de venado, huesos de caimán o baquetas de madera. En los ri-

tos funerarios de los *tlatoani* acompañaba al canto de los sacerdotes. Se usaba en las fiestas Tzalcualiztli, de la montaña, y en la Danza de Mujeres.

Alientos:

- Se llamaban *tlapatzalli* a las flautas simples, dobles o múltiples que se usaban para indicar las horas y los deberes rituales y para anunciar los ritos de sacrificio y la guerra.
- Los *chililihtli* eran flautas y flautines de barro, carrizo, hueso, madera y piedra.
- Las ocarinas, llamadas *huilacapiztli*, se tocaban en el mes de Tóxcatl.
- El famosísimo *tecciztl*, caracol marino de tamaño regular, se tocaba en el Templo Mayor para señalar los deberes rituales; además, se ejecutaba durante el culto celebrado al señor del reino de los muertos, Mictlantecuhtli, y servía para acompañar a la música procesional y para emitir señales para el sacrificio.
- El *quiquiztli*, mucho más grande que el caracol marino anterior, fue el instrumento del *Mixcoacalli* por excelencia.
- Los maravillosos jarros silbadores, piezas de forma abultada con dos compartimentos que se llenaban de agua y cuya presión producía el sonido, fueron instrumentos musicales de uso sagrado de carácter esotérico.
- Los *atecocoli*, especie de trompetas de tubo longitudinal en forma de cuerno, estaban hechas de madera, corteza de árbol y calabazos largos o *huajes*. Servían para señalar las horas y, entre los tlaxcaltecas, anunciaban los sacrificios que debían realizarse durante las ceremonias.

Idiófonos:

Conocemos con el nombre náhuatl de *tzicahuastli* al raspador hecho con un hueso humano y con muescas transversales. Se tocaba con astas de venado, conchas o caracoles. Era muy importante puesto que se usaba como guía rítmica de la danza.

- El *omichitzicahuaztli*, o raspador de hueso o asta de venado, se tocaba con otro hueso, una piedra o un cuerno. Con el fin de ampliar su sonido se colocaba sobre un cráneo o calabaza hueca. Era un instrumento básicamente funerario.
- La *ayacacahtli*, sonaja vegetal, de barro o metal, contenía semillas, piedritas o bolitas de barro cocidas que provocaban la percusión. Se la agitaba por medio de un mango y se acostumbraba adornarla con un árbol del fuego. Era empleada durante la Danza Toxcachocoloa.
- Se llamaba *chicahuztl* la sonaja de bastón que se golpeaba en el piso. Estaba provista de un mango largo y de cuentas. Algunas de éstas tenían laminillas que sonaban al entrechocar. Se utilizaba en la Danza Tlanahua durante el mes Tóxcatl. Estaba también relacionada con los ritos mortuorios y de fertilidad y se relacionaba con la tierra y la lluvia.
- Los *coyolli* eran cascabeles de metales preciosos, conchas, semillas o barro. Se usaban en los brazos o atados en los pies durante la ejecución de las danzas. Fueron un instrumento funerario atribuido a la diosa Coyolxauhqui.
- *Tenábaris* es el nombre tarahumara para designar a los "capullos de mariposa" que llevaban piedritas dentro. Se amarraban a los tobillos y muñecas de los danzantes y contribuían a llevar el ritmo de la danza.

X
Hilando la vida:
el telar de cintura

"El tejedor urde y pone en el telar la urdimbre, y mueve la imprimidera con los pies, y juega en la lanzadera, y pone la tela en los lizos. La buena tejedora suele apretar y golpear lo que teje, y aderezar lo mal tejido con espina o con alfiler, o tupir muy bien, o hacer ralo lo que va tupido; sabe también poner en telar la tela y estirarla con la medida que es una caña, que estira la tela para tejerla igual, sabe también hacer la trama de dicha tela."

Fray Bernardino de Sahagún.
Historia general de las cosas de la Nueva España.

El tejido indígena

Hace alrededor de 3500 años, en la zona cultural denominada por los arqueólogos con el nombre de Mesoamérica, se desarrollaron culturas indígenas mexicanas poseedoras de un grado de civilización muy relevante. Entre sus variadas expresiones culturales destacaba, por su belleza y calidad, el arte de tejer. Esta actividad correspondía de manera exclusiva a las mujeres, quienes estaban encargadas de producir las telas con las cuales confeccionaban las vestimentas que usaban los hombres de la comunidad durante el ejercicio de sus múltiples ocupaciones y, por supuesto, las que ellas mismas lucían en su vida diaria o en ocasiones memorables y fiestas, como el día que contraían matrimonio.

No existen muchos vestigios arqueológicos de textiles prehispánicos, debido al carácter perecedero de los mismos. Las más antiguas muestras de tela que se han encontrado proceden de Coahuila, Durango, Chihuahua y Tamaulipas, con una antigüedad de entre 1800 y 1400 años a.C. Sin embargo, tal carencia de muestras textiles se ve compensada por los testimonios de los cronistas, los códices y las figurillas de barro, las esculturas y las pinturas murales que nos han dejado las culturas antiguas de México y que nos informan acerca del arte del tejido. Las telas elaboradas por las indias eran muy bellas, llevaban bordados, aplicaciones de conchas, piedras preciosas, oro o plata. Asimismo, los textiles servían como moneda y como parte de los tributos que se pagaban al emperador mexica.

Cuando las niñas mexicas nacían, se las iniciaba en al arte de tejer; al morir se las enterraba con sus herramientas de tejedoras. Las mujeres indígenas mexicas contaban con una diosa particular llamada Tlazoltéotl, la devoradora de inmundicias, quien visitaba a las personas que estaban por morir para que le contasen sus faltas cometidas en vida. Esta diosa enseñaba a las mujeres a tejer por medio de un instrumento al cual en la actualidad llamamos *telar de cintura*. Como materia prima utilizaban las fibras vegetales del agave y el algodón de colores, utilizado sólo por las jerarquías superiores; es decir, por sacerdotes, nobles, guerreros y comerciantes. En cambio, los campesinos y artesanos menores debían conformarse con vestimentas elaboradas, en su mayor parte, con fibras.

Fue tal la maravilla de los tejidos producidos por las indias aztecas que en la segunda carta de relación que Hernán Cortés enviara al rey de España, Carlos V, en octubre de 1520, le decía:

> ...*me dio el dicho Moctezuma mucha ropa de la suya, que era tal, que considerada ser toda de algodón y sin seda, en todo el mundo no se podía hacer ni tejer otra tal, ni de tantas y ni tan diversos y naturales colores ni labores; en que había ropas de hombres y de mujeres muy maravillosas, y había paramentos para camas, que hechos de seda no se podían comparar; y había otros paños, como de tapicería, que podían servir en salas y en iglesias; había colchas y cobertores de camas, así de pluma como de algodón, de diversos colores, asimismo muy maravillosos, y otras muchas cosas que por ser tantas y tales no las sé significar...*

En nuestros días, algunos de los grupos indígenas descendientes de aquellas culturas mesoamericanas aún utilizan el telar de cintura para la producción de sus lienzos, y aún es una tarea exclusiva del sexo femenino. En cambio, los hombres casi siempre son los encargados de tejer en el llamado telar de pedales —de origen hispano— los maravillosos gabanes, sarapes y rebozos con los cuales se cubre el pueblo mexicano.

La vestimenta indígena constituye uno de los rasgos culturales más importantes de los grupos étnicos, ya que a través de ésta se distinguen de otros grupos: se trata de un rasgo distintivo de identidad en el cual se tejen siglos de tradición y costumbres que caracterizan y diferencian a cada comunidad. Ver a un indio o a una india vestidos con sus magníficos trajes nos permite reconocer la etnia a la cual pertenece y saber si se trata de un tzotzil, una zapoteca del istmo o un mixe de la sierra, para mencionar algunos ejemplos.

A fin de aprender a tejer, las mujeres indígenas se adentran a este oficio desde muy temprana edad; así, cuando aún son pequeñas, reciben la enseñanza en el seno familiar, donde adquieren todos los conocimientos y experiencia acumulados por generaciones de mujeres tejedoras. Las niñas continúan la tradición hasta que son adultas y les llega el tiempo de convertirse en maestras de sus hijas, a quienes enseñan a plasmar en sus tejidos la simbólica cosmovisión de su cultura; pues es de todos conocido que los textiles indígenas constituyen verdaderos textos plenos de símbolos y alegorías, guardados por milenios y renovados por la dinámica propia de su existencia cultural.

En la elaboración de los textiles, las mujeres indígenas trabajan en los tiempos que les dejan libres sus obligaciones de madres, esposas y amas de casa; a menos, claro está, que se trate de tejedoras profesionales dedicadas sólo a esta labor. Así pues, cuando el tiempo es propicio, sacan sus hilos de lana y algodón blanco o coloreado con anilinas o tintes naturales, que han sido previamente hilados en *malacates*, y proceden a tejer los lienzos que permitirán dar forma a sus *huipiles*, *quechquemes*, enredos, fajas, morrales, rebozos y muchas prendas más que componen su indumentaria.

El telar de cintura y los ligamentos

Muchas de las técnicas de tejido empleadas por las mujeres de la época anterior a la Conquista han sobrevivido hasta nuestros días y siguen vigentes en los textiles de algunos grupos indígenas. Todavía se hila y teje en igual forma y casi con los mismos instrumentos, aun cuando hay algunos implementos que las mujeres de la actualidad han introducido para facilitar su trabajo. Sin embargo, el telar de cintura se ha mantenido en uso, orgulloso de su nombre que se debe al hecho de que la tejedora lo amarra a su cintura por uno de sus extremos y, por el otro, lo ata a un árbol o poste. También se le suele llamar *telar de otate* porque se elabora con esa clase de vara.

El telar de cintura está formado por dos varillas paralelas que se llaman *enjulios* y que sirven para tender la urdimbre. Un enjulio queda cerca de la tejedora y del amarre de la cintura; el otro se encuentra en el extremo que da al árbol o poste donde se ata. De uno a otro de los enjulios se tiende la urdimbre. Una vez tendida, se separan los hilos pares de los impares por medio de una varilla de paso. Al subir y bajar la vara de lizo, que permite fijar los hilos pares e impares y manipularlos, se forma la calada o hueco por donde pasan los hilos horizontales que forman la trama y que están enrollados en un huso. Con el procedimiento de mezclar la trama con la urdimbre se forma el lienzo de la tela, cuyo largo depende de la prenda que se quiera elaborar, y cuyo ancho está en relación con los brazos de la tejedora y con su comodidad para lanzar el huso. El hilo que contiene este último instrumento se obtuvo tras agrupar hebras sueltas para formar un hilo continuo, por medio del *malacate*, que posibilite el proceso de tejer.

Existe otro telar llamado *de estacas* o *de horcones*, también prehispánico, horizontal y rígido. Posee los mismos elementos básicos que el telar de cintura, pero los enjulios se encuentran fijos a dos estacas que se clavan en el suelo y forman un cuadrado o un rectángulo. En éste se tejen sarapes de lana, como los que elaboran los rarámuris de Chihuahua o los mayos del estado de Sonora.

En los telares de cintura, la manera como se entrelazan los hilos de la urdimbre y de la trama para formar la tela recibe el nombre de *ligamentos*. Los ligamentos más utilizados son el tafetán, el confetillo, la tapicería, la gasa, la sarga, la tela doble o negativo, el tejido en curva y el brocado.

El tafetán es la técnica más simple, pues consiste en cruzar un hilo o varios de la urdimbre con el hilo de la trama en forma alternada. Para hacer el confetillo se dejan flojas algunas hileras de hilos de la trama, que luego se jalan con una espina de maguey para que quede un afelpado parecido al de las toallas de baño. En la tapicería se emplean hilos de colores en la urdimbre, de manera que se formen dibujos al pasar los hilos de la trama, los cuales son iguales por las dos caras de la tela. Con el tejido de gasa se logra una tela fluida y casi transparente, similar al encaje. El tejido de sarga produce líneas diagonales, producto del pase de varios hilos de la trama sobre la urdimbre. La técnica de la tela doble permite lienzos con figuras de colores contrastantes en ambos lados de la tela, ya que por un lado la imagen es igual a su contraria, pero de diferente color. El tejido en curva es un ligamento muy interesante, ya que en determinada etapa del proceso de tejido, se da vuelta a la tela y los hilos de la urdimbre se convierten en hilos de la trama y viceversa. Por último, el brocado se forma con hilos que se adicionan o se agregan, independientes a los hilos de la trama, para formar los dibujos que se desean realizar. Como hilos independientes que son, pueden retirarse sin que la tela se maltrate o se desbarate. Es una técnica muy bella que muchas personas no avezadas en estos menesteres textiles suelen confundir con bordados hechos encima de la tela.

Los tintes

Desde épocas muy antiguas, en el territorio de Mesoamérica se emplearon tintes animales y vegetales. Por ejemplo, sabemos que el color grana se obtenía de la cochinilla y le llamaban *nocheztli* o sangre de tuna: producía un color rojo sumamente fino. En forma de panes se vendía en los mercados y la compraban los pintores y los tintoreros. Había también la gran cenicienta llamada *tlapalnextli*, que se mezclaba con greda o harina, y una grana muy corriente de un animal dañino para las plantas que se denominaba *ixquimiliuhqui*, de muy mala calidad. El color amarillo se llamaba *xichipalli*, tintura de flores amarillas, que se daba en tierras calientes. El color azul, *matlalli*, se obtenía de flores azules y era muy apreciado. El *zacatlaxcalli* era un color amarillo claro que se lograba tras amasar hierbas amarillas, con cuya masa se formaba una especie de tortillas delgadas. Un color rojo blanquecino se denominaba *chíotl* y se lograba al moler una flor, la cual también era medicinal y curaba la sarna. Para obtener un azul oscuro muy brillante se empleaba una hierba de tierra caliente llamada *xiuhquílitl*. En cambio, el azul claro, *texotli*, se obtenía de la flor *matlalli*. Obviamente también podían mezclarse los colores para obtener otros. Así, si se mezclaba el amarillo con el azul claro se conseguía el *yapalli* o color verde oscuro. La grana con alumbre y con *tzacutli* daba el morado. El color marrón se tenía con la mezcla de la raspadura de una piedra llamada *tecoxtli* con *tzacutli*.

Para teñir las prendas se cuenta con dos procesos: se tiñe la madeja de hilos o la tela, una vez terminada de tejer. Existen varias clases de tintes que podemos agrupar en naturales y sintéticos. Los naturales son de origen vegetal, animal o mineral, entre los cuales podemos mencionar las maderas, los musgos, los pétalos de flores, diferentes tipos de óxidos, el añil, la grana, la cochinilla y el caracol.

En la actualidad, muchos grupos indígenas aún conservan algunos de los tintes de los abuelos, como por ejemplo la cochinilla, que en los últimos tiempos del siglo XVI fuera enviada a China y a Turquía por ser tan maravilloso el rojo que produce. Asimismo, aún se emplea el añil para los textiles que han de teñirse de color azul. El púrpura se logra tras provocar la secreción de un caracol llamado *purpura pansa*, procedente de la costa del Pacífico. El palo de Brasil y el palo de rosa son muy usados para obtener distintos tonos rosados o rojos. Para producir el color marrón muchos grupos emplean el mangle; para el rojo anaranjado, el *axiote*; para el azul, el *muictle*, y para el amarillo, el *zacatlaxcali*.

Para teñir las prendas suelen emplearse las llamadas técnicas de reserva, tales como el *batik*, en el cual se reservan algunas partes de la tela por medio de cera, parafina o resinas calientes. El *plangi* se realiza en prendas ya tejidas y consiste en amarrar con fuerza ciertas partes de la tela, para que conserven su color natural, y después se sumerge todo el lienzo en el color que se desea. Esta técnica la emplean mucho sobre todo las mujeres otomíes de Vizarrón, en Querétaro. Para el *ikat* se amarran los hilos de la urdimbre para que queden de color natural, una vez que el lienzo se sumerge en el tinte; un ejemplo de esta técnica son los rebozos de Santa María del Río (San Luís Potosí) de Tenancingo (Estado de México) y de La Piedad (Michoacán). Esta técnica fue introducida por los españoles, ya que no existen vestigios de que haya sido empleada en la época precortesiana.

Para que los tintes se fijen en la tela teñida deben emplearse mordientes, que fijan el color al reducir la acidez de los tintes. Se aplican cuando se tiñe la fibra. Como mordientes suelen utilizarse la orina, la ceniza, el amoniaco, el ácido tartárico, el jugo de limón, el vinagre, frutos que contengan taninos o cualquier sustancia astringente.

XI
Los juguetes tradicionales

Introducción

Los juguetes tradicionales forman parte del arte y las artesanías populares de nuestro país. Podemos considerarlos el resultado de la experiencia y los conocimientos acumulados por los artesanos durante muchos siglos de evolución cultural. En su manufactura se conjugan características de origen indígena, europeo y asiático, aunadas a los cambios que conlleva el desarrollo social y los continuos avances tecnológicos que afectan su producción. Los juguetes se elaboran con la inventiva y las manos de los artesanos y artesanas mexicanos en todas las comunidades, tanto mestizas como indígenas. Para elaborarlos se utiliza gran variedad de materiales, tantos como cada región tiene a su alcance. Esto propicia, en cierta medida, una especialización por estados o regiones. Los más empleados son: barro, madera, cartón, metal, trapo, cera, chicle, azúcar, fibras vegetales y vidrio.

Las técnicas e instrumentos utilizados responden a las necesidades específicas del tipo de juguete que se fabrica. En éstos se guarda y continúa el conocimiento ancestral trasmitido de padres a hijos. Los juguetes tradicionales se elaboran en talleres familiares y en microtalleres.

Un solo artesano es el encargado de fabricar una pieza de principio a fin, aunque en algunos casos exista cierta división del trabajo, como es el caso de los juguetes de cartonería, corre a cargo de los mismos artesanos la venta de su producción.

1. Juguetes de temporada

Los hechos históricos, las tradiciones religiosas y profanas, la moda y los ciclos de la naturaleza influyen en la forma, el significado, el uso y la producción de los juguetes llamados *de temporada*. Los utilizados en las fiestas y celebraciones religiosas se denominan *juguetes rituales*. Se elaboran en Navidad, posadas, Día de los Santos Inocentes, la fiesta de carnaval, Domingo de Ramos, Corpus Christi y Día de Muertos. Otros juguetes temporales, no rituales, aparecen en las fiestas patrias, en determinadas estaciones del año o en tiempos socialmente determinados por los niños.

¡Una limosnita para el viejo!
Los juguetes de Año Nuevo

En Tehuantepec (Oaxaca), para las fiestas del Año Nuevo, se regalan a los niños los *tanguyú* o muñecos de barro. Para las niñas se elaboran muñecas que tienen la falda en forma de campana y llevan un bebé en los brazos o una jícara con frutas sobre la cabeza. En cambio, para los niños se hacen jinetes que galopan sobre su caballo. En Juchitán, también en el estado de Oaxaca, los muñecos están pintados de blanco, con dibujos en azul, amarillo y rojo, a diferencia de Tehuantepec, donde se utilizan más los tonos rojo y oro. También para estas fechas de Año Nuevo, los niños zapotecos se abocan a la tarea de elaborar al "viejo", quien será quemado a las doce de la noche para despedir el año. El "viejo" es un muñeco que los niños hacen con ropa y huaraches usados. Su cabeza es un coco al cual se le pinta una cara con carbón. Se le pone un sombrero y un cigarro y su cuerpo se rellena con cohetes y elotes. Cada barrio tiene su "viejo". Los niños, acompañados por los mayores, recorren las casas para pedir la limosna en nombre del "viejo". Lo recabado en dinero se utiliza para comprar dulces; si lo obtenido es comida, se distribuye entre los participantes.

¡Cómprame una mulita!
Los juguetes de Corpus Christi

El día de Corpus se celebra en México desde la época de la Colonia. En esta fiesta se honraba al santísimo sacramento con una procesión que se efectuaba en la Plaza Mayor. Muchos vendedores acudían con sus mercancías cargadas en mulas y los indígenas en huacales en la espalda, para venderlos en la romería que se formaba pues era una festividad muy importante a la cual asistía todo el pueblo.

Hoy por hoy, en el Zócalo del Distrito Federal, en este día se venden mulitas hechas con hojas de maíz o palma y patitas de palo. A sus costados llevan huacales cargados de fruta, legumbres y flores. Se regalan para propiciar la abundancia y como fetiches para obtener bienes materiales durante todo el año. Las mulitas, de muy variado tamaño, son la reproducción simbólica de aquellas recuas coloniales.

En la ciudad capital, las personas acuden de manera específica a la Catedral como reminiscencia de aquella procesión, ahora con el objeto de adquirir las mulitas y retratar a sus niños con los fotógrafos ambulantes que se instalan fuera de la iglesia. Los niñitos van vestidos de inditos con sus huacales a la espalda y se retratan en jacales pintados en telones o construidos por los mismos fotógrafos.

¡Esqueletos bailarines!

Juguetes del Día de Muertos

Una de las fiestas más importantes de nuestro país tiene lugar los días primero y dos de noviembre, celebración de los Fieles Difuntos y Todos Santos. Para estas fiestas se acostumbra elaborar y vender juguetes alusivos a la muerte. En su fabricación se utilizan los más diversos materiales: dulce, madera, cartón, barro y papel. Las figuras constituyen una mezcla entre burla y respeto a la muerte. Con estos juguetes los niños juegan y también se los comen. Calaveras de azúcar con el nombre grabado en la frente; muertes de barro vestidas para representar diferentes personajes y oficios; esqueletos bailarines de cartón y barro, articulados y burlones; figuras de alfeñique; niños muertos o cuerpecitos de azúcar rellenos de almíbar; figuras de pasta de almendra para adornar la ofrenda y dar gusto al estómago; títeres móviles y articulados, procesiones que caminan de una iglesia a otra en cartón pintado y platitos de comida hechos de alfeñique, son tan sólo una muestra de la gran variedad de juguetes que se elaboran para esta fecha tan significativa en la vida de los habitantes de México.

¡Las batallas de cartón y madera!

Los juguetes de las fiestas patrias

Para las celebraciones populares no religiosas, como las fiestas patrias, aparecen ciertos juguetes especiales y característicos de la fecha que, como todos sabemos, conmemora el movimiento de Independencia de México para librarse del yugo español. Esto motiva que la producción juguetera tenga cierto carácter bélico. Entre estos juguetes podemos mencionar las cornetas de cartón con boquilla de madera, metal o plástico; los silbatos en colores verde, blanco y colorado; las banderitas mexicanas; los cascos militares de cartón al estilo de los etruscos, romanos, germanos y cadetes mexicanos. Las máscaras de cartón zo-omorfas y antropomorfas, los rifles de madera y roja anilina; los negros antifaces; los azules gorros de hadas; los huevos rellenos de confeti o harina; los bigotes zapatistas; los exagerados sombreros de palma y muchos otros más que alegran el espíritu lúdico de las fiestas. En la ciudad de México, todos estos juguetes se venden en el Zócalo durante el día 15, cuando se celebra la ceremonia del grito de Independencia, y en las calles que sigue el recorrido del desfile del día 16.

2. Juguetes según su materia prima

Ángeles de barro
Los juguetes de barro

Puede decirse que el barro es el material que se utiliza con mayor fre-cuencia para hacer los juguetes tradicionales. Su empleo se remonta a la época de las culturas mesoamericanas, ya que se han encontrado títeres articulados en varias culturas como la teotihuacana, para sólo mencionar una, y un perrito totonaco con ruedas, encontrado en la zona arqueológica de Tres Zapotes (Veracruz).

La elaboración de los juguetes de barro se lleva a cabo con las manos o en moldes. Las técnicas son las mismas que las empleadas en la ce-rámica: pastillaje, modelado, engredado, bruñido, incrustación, calado y decoración con pinturas. Una vez trabajado el barro, los juguetes se dejan secar y luego se cuecen en hornos al aire libre sobre fogones o en hornos internos. Después se los decora a la usanza de la región, si se les va a pintar; sin embargo, la decoración también puede hacerse antes de ser cocidos; por ejemplo, en el caso de la decoración por pastillaje o incisión.

Los juguetes de barro son muy variados y múltiples y se elaboran en todos los estados de la República. Podemos mencionar las alcancías en forma de animales y frutas, los personajes con trajes típicos, las canicas, los silbatos, las flautas zoomorfas y antropomorfas, los títeres, los trastecitos, los monstruos y demonios, las campanas, las sirenas, los volantineros, los ángeles y muchos otros juguetes más.

Violines y guitarras
Los juguetes de madera

La madera es otro material muy importante para la fabricación de juguetes artesanales. Según una hipótesis, los juguetes de madera se usaron desde la época prehispánica; pero, al tratarse de un material tan perecedero, no ha quedado ningún testimonio de éstos. A partir de la Colonia, la madera fue la base para la elaboración de juguetes rituales para la Semana Santa y el Día de san Juan. También las maderas ligeras sirvieron para hacer títeres combinadas con otros materiales, como tela e hilos.

En los juguetes de madera se emplean técnicas de taraceado, tallado, relieve y esculpido. Los instrumentos para este efecto son navajas, machetes, formones, gubias, sierras y tornos. El tipo de madera varía según la región. Las más usadas son el cucapé, el cedro, la caoba, el pino, en Chiapas; el encino, el pino y el copalillo, en Michoacán; el cuáramo, el granadillo, el ébano y el palo de rosa, en Guerrero. Las formas recurrentes son los animales, las escenas de la vida cotidiana, las muñecas, los mueblecitos, los trompos, los baleros, los instrumentos musicales, los carritos, los bastoncitos, etcétera. Los centros productores más importantes son Guanajuato, Estado de México, Michoacán, Oaxaca, Chiapas y Guerrero.

Mi muñeca la gordis
Los juguetes de cartón y papel

La técnica de la cartonería llegó a su auge a mediados del siglo XVIII. Desde entonces su uso principal es la fabricación de juguetes y objetos decorativos. Se inició a principios de la Colonia, con los Judas y la tarasca. Otros juguetes de esa época son los papalotes, venidos de China, que se elaboraban con papel y llevaban un farolito encendido.

En el siglo XIX los adelantos científicos propiciaron la invención del estroboscopio, el cual dio origen al zootropo. Este juguete consistía en una banda de cartón con dibujos de animales en diferentes fases de movimiento; al hacerlo girar parecía que las figuras corrían. Este juguete estuvo muy de moda en México. También por esa época llegaron de Francia las muñecas de papel para recortar y vestir, las cuales se popularizaron muy pronto y empezaron a hacerse en el país. Asimismo, nacieron las muñecas de cartón, de brazos móviles y nombre pintado en el pecho. Fueron la copia que el pueblo hizo de las muñecas de porcelana que no podían adquirirse con facilidad por su elevado precio. Los lugares más destacados donde se trabaja la artesanía de papel y cartón son Guanajuato, Oaxaca, Distrito Federal, Estado de México, Michoacán, Hidalgo, Yucatán y Zacatecas.

Alas de hojalata y zuavos de plomo
Los juguetes de hojalata y metal

Dentro de la tradición del juguete popular se emplean la hojalata y el plomo con mucha frecuencia. La artesanía de hojalata se ha elaborado desde la época virreinal; las técnicas y las herramientas de aquel entonces provenían de España y también se usaban las empleadas por los indígenas prehispánicos, quienes ya desde muy antiguo trabajaban el oro, la plata y el cobre para la fabricación de objetos de orfebrería.

En nuestros días, las técnicas para la fabricación de juguetes son el martillado de metal sobre moldes o libre, el recortado y el soldado de las piezas. La decoración es casi siempre pintada o repujada. Se emplean láminas, soldaduras, alcohol y brea. Con la hojalata se hacen mariposas de alas móviles, giratorias ruedas de la fortuna o helicópteros que mueven las aspas; barcos, lamparitas, muebles de cocina, globos con ruedas, silbatos para las posadas, trompos chirriadores o churumbelas, coches, carretillas, regaderas, cubetas, jaulas y ferrocarriles.

Entre los juguetes de plomo debe mencionarse en primer lugar a los soldaditos. Su origen es Europeo, pues nacieron en la ciudad de Nüremberg (Alemania), en el siglo xviii y llegaron a México en los tiempos de la guerra de Independencia. Ya aclimatados en el país, estos soldaditos empezaron a fabricarse en barro policromado, en madera y plata y, por último, en plomo. Pronto los soldaditos se convirtieron en un juguete popular con los cuales podían armarse ejércitos medievales, tropas napoleónicas y batallones de la Segunda Guerra Mundial. Con el tiempo, el uso del plomo se extendió a la elaboración de muebles y utensilios para las casitas de muñecas; animales, muertes, planchas, flores y mil juguetes más que aún se producen. Los principales estados productores son Oaxaca, Colima, Guanajuato y Distrito Federal.

Teje que teje a los zapatistas
Los juguetes de fibra vegetal

Las artesanías en fibras vegetales son una tradición prehispánica, pues ya desde entonces se elaboraban diversos implementos para el uso doméstico como *chiquihuites*, baúles y asientos. Asimismo, es de suponer que nuestros antepasados emplearon las fibras para hacer juguetes destinados a los niños; mas es una simple suposición, ya que no contamos con vestigios arqueológicos que amparen lo dicho.

Los materiales más utilizados para hacer juguetes son el tule, la hoja de maíz, el *ixtle*, el carrizo y la palma. Entre las técnicas más empleadas mencionaremos el entrelazado, el enrollado en espiral, el enrollado en red y el simple amarrado. Con el tule se hacen figuras complejas como los revolucionarios zapatistas, sus soldaderas y sus caballos. La palma entrelazada y colorida sirve para hacer animales, músicos, ciclistas, *tlachiqueros*, escenas de circo, sonajas y *tompiatitos*. Con el *totomoxtle*, u hoja de maíz, se elaboran viejitos, muñecos y diversos personajes de la vida cotidiana. Juguetes como ferrocarriles con rieles y durmientes, casas, ángeles, figuras humanas, jinetes, músicos y carruseles, se hacen con paja de trigo. La vara de sauce se emplea para hacer patos, gallinas, canastitas, cunitas, cajitas y ángeles. Del carrizo surgen flautas; del *otate*, canastitas con tapas e iglesitas; del *ixtle*, canastas y animales; y aun de la mazorca se hacen figuras con movimiento, viejitos y muñecas. Las fibras transformadas en juguetes abarcan toda la República; los estados destacados son Aguascalientes, Estado de México, Guerrero, Hidalgo, Jalisco, Michoacán, Puebla, Querétaro, San Luis Potosí y Yucatán.

Las hijitas de trapo
Los juguetes de dulce y tela
Los juguetes de dulce son elaborados principalmente para las celebraciones religiosas y tradicionales. Sin embargo, también pueden verse a lo largo de todo el año, como es el caso de los animalitos de almendra o pepita y las flautas de azúcar. Los materiales más utilizados para los dulces-juguete son: la pasta de pepita, la pasta de almendra, la leche, la yema de huevo, el azúcar vaciado, el alfeñique, el chicle y la chara-

musca. Con dichos ingredientes se forman animales, frutas, personajes, ángeles, muertos, trastecitos, canastitas, árboles, corazones, momias y botellitas. Los estados de mayor importancia son Guanajuato, Oaxaca, Chiapas, Distrito Federal, Michoacán, Estado de México y Tabasco.

Las mujeres indígenas y mestizas aprovechan los retazos de las telas para confeccionar muñecas para sus hijas y para la venta. Tal es el caso, por ejemplo, de las mujeres mazahuas y tzeltales del Estado de México y Chiapas, respectivamente. Las características y las vestimentas de las muñecas de trapo varían de acuerdo con el grupo que las elabora. Algunas están cosidas a mano por completo y otras se auxilian con máquinas de coser. Unas tienen la cara bordada para simular las facciones y otras carecen de rostro. Los estados más destacados por su producción son Oaxaca, Guanajuato, Jalisco, Michoacán, Chihuahua, Estado de México, Chiapas y Distrito Federal.

XII
Máscara, danza y rito

La existencia de la máscara es universal, ya que se ha presentado en todas las culturas, y podemos afirmar que es tan antigua como la propia humanidad. En México, la máscara forma parte de la artesanía ceremonial que produce la cultura popular. Es el instrumento por medio del cual los hombres que forman parte de las comunidades indígenas y mestizas se identifican con los dioses —católicos o paganos—, los espíritus y los héroes mitológicos de su cosmogonía, con los personajes históricos y con aqullos que viven en la memoria colectiva. Al momento de colocarse una máscara, tiene lugar una transformación del "yo" que permite a los hombres adoptar la personalidad y la esencia de esos seres sobrenaturales para, con propósitos rituales comunitarios de función mágica religiosa, obedecer a motivaciones tendientes a la satisfacción de necesidades espirituales y materiales.

La historia de la máscara en México es muy larga. Trasciende los tiempos de la colonización española, para alargarse hasta las épocas de las primeras migraciones que poblaron el territorio americano. Durante el periodo del florecimiento de las culturas mesoamericanas, la máscara se utilizaba en ocasiones de índole ritual. Tal es el caso de la cultura mexica o azteca, donde la encontramos como parte de las ceremonias funerarias, para ser colocada sobre la faz inerte de personajes importantes. También formaba parte del atuendo de los sacerdotes, quienes la usaban para desempeñar sus funciones religiosas. En algunas ocasiones, la máscara era la careta que se colocaba a los prisioneros que se sacrificaban a alguna deidad a la cual se le rendía culto. Aun los mismos dioses portaban máscara, como era el caso del dios Xipe Tótec, dios del desollamiento, que orgulloso ostentaba su máscara del piel humana.

La máscara mexicana se encuentra ligada a la danza tradicional de manera indisoluble, expresión del arte popular en la cual se conjugan el teatro, la música, la coreografía, la poesía y la majestuosidad del vestuario. La esencia de la danza tradicional está impregnada de la mística y de la magia de la cosmovisión de los grupos y de los sectores de México. La danza tradicional, a diferencia de la danza académica de carácter meramente individual, conlleva una motivación ritual de índole mágico-religiosa en la cual participan los integrantes de la comunidad. Es el pueblo el que baila. Los ejecutantes son parte de ese pueblo, su aprendizaje es heredado y se baila no por gusto o placer individual sino por razones colectivas que atienden a promesas religiosas, invocaciones propiciatorias para obtener beneficios, encargos a los santos para satisfacer necesidades específicas, agradecimientos por haber obtenido una buena cosecha o como una forma de honrar y venerar a Dios y a los santos que conforman el panteón católico. Las danzas tradicionales se bailan, en su mayoría, con máscaras, mismas que hacen alarde de belleza y colorido, como un elemento más de la vestimenta que confeccionan las artísticas manos de las mujeres que cosen, bordan y tejen.

La ejecución de las danzas no es arbitraria, sino que se lleva a cabo durante las fiestas religiosas que se celebran entre las comunidades indígenas y mestizas de todo el país. Sin temor a equivocarnos, podemos decir que al año se organizan más de tres mil fiestas en celebraciones tales como Navidad, Semana Santa, Día de Muertos, las de los santuarios de peregrinaciones y las dedicadas a los santos patronos de barrios, pueblos, ciudades y gremios.

Las máscaras en las danzas de las fiestas patronales

En México, todos los pueblos y ciudades de provincia y algunos barrios citadinos tienen un santo patrono a quien, las más de las veces, deben su toponímico. Al santo patrón se le rinde homenaje una vez al año, de acuerdo con la fecha fijada por el calendario católico. Durante la celebración, las danzas y las máscaras juegan un papel de suma importancia, ya que se trata de manifestaciones culturales de índole religiosa, aunadas a aspectos de la vida social y económica de la comunidad.

Un somero análisis nos permite distinguir que en México existe un conjunto de danzas —que se bailan principalmente durante las fiestas patronales— en las cuales se portan máscaras relacionadas de manera directa con actividades productivas; es decir, con el trabajo que realizan algunas comunidades. Su origen y función se encuentra en la necesidad de obtener éxito en la pesca, en la siembra y en las labores de los trapiches de las antiguas plantaciones de caña. Relacionada con la pesca tenemos a la Danza del Pescado, de carácter imitativo y alusivo al proceso de esta actividad. En su origen se presentaba el Día de Corpus Christi y la bailaban los pescadores. En la actualidad, el estado de Michoacán, situado al occidente de México, esta danza se presenta el primero de noviembre, el jueves de Corpus, el Día de san Pedro —patrono de los pescadores— y durante las celebraciones de Día de Muertos. Otro baile del mismo tipo es la Danza de los Machos o de El Pescador, la cual se interpreta en el estado de Guerrero.

En cuanto a danzas relacionadas con la actividad productiva agrícola tenemos la Danza de los Viejitos, cuyo origen es prehispánico, pues se afirma que hace alusión a Huehuetéotl, Dios del Fuego y del Año, y por ende, de la renovación y la fertilidad de la tierra. En esta danza aparecen viejos que hacen alarde de fuerza con su vigoroso zapateado. Se interpreta en las fiestas patronales del estado de Michoacán.

La Danza de los Tecuanes o de El Tigre también se relaciona con los trabajos agrícolas. El personaje principal es el tigre o jaguar que trata de devorar a los hombres y animales e intenta perjudicar la cosecha. La presencia del jaguar nos remite al origen prehispánico de la danza, pues este magnífico animal era la representación de Tezcatlipoca en continua rivalidad con Quetzalcóatl. El primer dios encarnaba la muerte y la noche; el segundo, la vida y el día. La Danza del Tecuán se baila en fechas correspondientes a las antiguas celebraciones para Tezcatlipoca, que al advenimiento del catolicismo se adaptaron a las fechas de las celebraciones patronales católicas. En la Danza de los Tejorones también aparece el tigre y, por supuesto, conlleva el mismo significado, al igual que la hermosa danza Kalalá.

La Danza de las Pascolas tiene como personaje principal al venado, animal sagrado y venerado por los indígenas yaquis y mayos del estado norteño de Sonora. Esta danza, de carácter imitativo, se refiere a la muerte del venado —interpretado por un bailarín— a manos de los cazadores, quienes propician así una exitosa caza.

La Danza de los Toreadores nació a raíz de la conquista, en aquel tiempo cuando dieron inicio las reparticiones de tierra entre los españoles. Cuando los campesinos terminaban con las duras tareas de levantar la cosecha, los patrones les entregaban un toro, al cual sacrificaban y repartían entre todos los participantes, después de haber efectuado algunas suertes taurinas.

Entre las danzas que se refieren a las actividades productivas de los trapiches están las de Los Negritos, Los Negros y La Negrada, de fuertes reminiscencias africanas, pues se bailan, sobre todo, en lugares que fueron asentamientos de negros esclavos africanos, como es el caso de la Costa Grande y Chica de Guerrero y algunas poblaciones del estado de Veracruz.

Otro conjunto de danzas importantes es el que integra a las danzas de conquista y de evangelización. La más importante de éstas, por su amplia distribución, es la Danza de Moros y Cristianos, cuya temática hace referencia a la reconquista de España, en 1492, sojuzgada por 700 años por los árabes. Fue introducida en México por los misioneros en 1525 y suele bailarse en las mencionadas fiestas patronales.

En la Danza de los Tastoanes, los *tastoanes* o *tlatoanis*, encarnan a los antiguos jefes mexicas, quienes pelean contra Nuño de Guzmán, conquistador español. En esta danza aparece el santo Santiago, a quien los *tastoanes* apresan y golpean. Sin embargo, al final de la danza, Santiago, al frente de los españoles, obtiene el triunfo total e impone la religión católica a los indígenas.

La Danza de los Chinelos es de origen europeo con reminiscencias mozárabes. Llegó a México como danza ejemplificadora de la victoria de los hispanos contra los moros. En el presente la danza perdió su carácter ideológico y quedó como un baile de chusca imitación a los moros.

Otras danzas que hacen referencia a la conquista y la evangelización son las de los Santiagueros, los Achareos y la Danza de a pie, en las cuales Santiago pelea contra los indígenas montado sobre un corcel de madera y acompañado por las huestes hispanas.

La Danza de los Mudos es una danza de evangelización en la cual los danzantes tienen prohibido hablar. En ésta aparecen personajes como el padre Tiempo, la Muerte, el Diablo y los Mudos.

La Danza de los Matachines presenta la lucha entre indios y españoles. Los danzantes llevan grandes penachos de plumas de gallería. En una mano portan una maraca y en la otra un arquito de madera el cual simulan disparar.

La Danza de los Parachicos hace referencia a un milagro realizado por san Sebastián en la persona de un niño a quien cura. En honor a este prodigio se instituyó esta danza que sólo se baila en el estado sureño de Chiapas.

La Danza de los Catrines o Paragüeros está formada por una cuadrilla de bailarines que imitan los modales, el físico —por la máscara que usan— y la forma de bailar de los franceses de la época de la intervención armada en México, allá por el año 1864.

Las máscaras en las danzas de carnaval

El carnaval, fiesta de regocijo que antecede a las celebraciones de Semana Santa, constituye una fuente plena de expresiones de cultura popular. Su fecha es móvil y su significado es el adiós a los placeres mundanos para prepararse para los rigores de la Cuaresma. En México son muy famosos los carnavales de Veracruz, Mazatlán, Mérida y Puebla, ciudades connotadas por sus atracciones culturales y naturales.

En esta fiesta suelen llevarse a cabo danzas que acompañan a la celebración. En el carnaval de Huejotzingo (Puebla), de índole mestiza, se representa el drama de Agustín Lorenzo, héroe legendario que vivió a mediados del siglo XIX. En esta dramatización se presentan las danzas de los salvajes cavernarios, los apaches, los zapadores, los indios zacapoaxtlas y los zuavos franceses. Todos ellos llevan vestimentas que los caracterizan y máscaras elaboradas con diferentes materiales.

En Tlayacapan, Yautepec, Jintepec y Tepoztlán (Morelos), salen a bailar comparsas de chinelos que portan trajes con sombreros decorados con chaquira y máscaras barbadas de alambre.

Para los indígenas, el carnaval es una celebración en la cual se funden elementos prehispánicos derivados de las ceremonias de inicio de año, con elementos españoles. Esta fecha es propicia para disfrazarse, ponerse máscaras y efectuar bromas y juegos grotescos. Por ejemplo, entre los indios tzotziles del estado de Chiapas, el martes de carnaval es costumbre disfrazarse de moro y ejecutar ritos de purificación.

En el estado sureño de Oaxaca se presentan la Danza del Torito Serrano, la Danza de las Mascaritas, la Danza de los Diablos, la de las Palomas y la Batalla entre el Diablo y los Curas, obviamente con sus respectivas máscaras.

Las máscaras en las danzas de Semana Santa

La Semana Santa es una celebración que comprende la pasión y muerte de Cristo. Se inicia con las festividades de carnaval, para proseguir con la Cuaresma y culminar con la Semana Mayor. Es la fiesta más importante de la Iglesia católica y se celebra en todos los estados que integran el país.

Durante las conmemoraciones aparecen personajes, sagrados y profanos, que portan disfraces y máscaras cuyo diseño y significado hacen referencia a los actores de la pasión de Cristo. Tal es el caso de los habitantes de Jala (Nayarit), cuyos festejos de Semana Santa terminan con una procesión del Santo Entierro, acompañada por un séquito o judea de actrices vestidas de negro y cubiertas con un velo, además de un personaje llamado el Bachiller que baila para borrar las huellas de las personas que conducen el Santo Entierro. Lleva una máscara y una gran lanza que cambia de mano conforme cruza a un lado u otro de la calle.

Entre los indígenas coras, huicholes, tarahumaras, yaquis y mayos, los festejos de Semana Santa se fusionan con ritos de fertilidad y de aseguramiento agrícola representados en sus danzas, así como con la elaboración de dos monigotes de zacate, símbolos de fertilidad, a los cuales les hacen bromas de carácter sexual y que simulan el acto carnal, mediante el cual el hombre deposita el simbólico semen en la tierra para contribuir a la reproducción del mundo vegetal.

En la judea indígena de los coras, el Miércoles Santo los "judíos" se van a bañar al río donde se transforman en diablos. Da comienzo entonces una danza en la cual los capitanes desenrollan una larga cuerda negra de crines de caballo, con la que golpean con fuerza a los "judíos". La cuerda simboliza la gran serpiente, el espíritu del mal; con esta cuerda se atarán las manos del Nazareno el Viernes Santo, día cuando la judea recorre las calles del pueblo y forma un gran círculo para iniciar la Danza de la Tortuga, durante la cual las tortugas se acoplan con el uso de su machete como falo, en vertiginoso baile que tiene por objeto fertilizar la tierra.

Las máscaras de las danzas de Día de Muertos

Los días de Todos Santos y Fieles Difuntos son dos celebraciones de mucha importancia en México. Son el resultado de un sincretismo de elementos prehispánicos y españoles. Se festejan tanto en comunidades indígenas como mestizas.

En algunas comunidades indígenas, las celebraciones del Día de Muertos incluyen danzas con personajes disfrazados y enmascarados. Por ejemplo, el viejo del monte de San Pablito Pahuatlán (Puebla); el

Hombre ocanegro del grupo otomí de Metzquititlán (Hidalgo) o el diablo llamado Xantolo quien, entre los huastecos de Tanquián (San Luis Potosí), encarna a un demonio muy temido por su maligna influencia.

Las máscaras de las danzas de pastorelas o coloquios

La pastorela es una representación teatral mexicana que se realiza dentro del complejo de la tradición cultural decembrina. Nació en el siglo XVI como un instrumento para la evangelización de los indígenas por los frailes españoles.

En esta época, la pastorela forma parte de las expresiones de teatro popular en las cuales se emplea un lenguaje llano, al tiempo que están impregnadas de gran humorismo, ingenuidad y picardía. Los personajes más importantes que aparecen en estas representaciones, acompañados de danzas y cantos, son Gila la pastora, Bato el pastor, los Pecados Capitales, los indios, los demonios, Lucifer, san Miguel, la Virgen María, san José y el Ermitaño. Estas escenificaciones varían según la comunidad que las interpreta. En algunos lugares se agregan otros personajes, como es el caso de los bartolos de Yuriria (Guanajuato). Muchos de ellos portan estupendas y variadas máscaras.

XIII
El papel amate

El origen del papel

La palabra *papel* deriva del vocablo *papyros*, nombre con el que los antiguos griegos designaban al material sobre el cual los egipcios registraban los hechos históricos o épicos y los cantos litúrgicos de su religión. Este papel se fabricaba de la médula del papiro, planta ciperácea que crece a orillas del Nilo.

Hacia finales del siglo III a.C., el uso del papiro fue sustituido por el pergamino, inventado en Pérgamo, ciudad de Asia Menor. El pergamino se hacía con pieles no curtidas de ternera o cabrito. Este material pronto fue reemplazado por un maravilloso invento chino, pues en el año 105 un funcionario de nombre Ts'ai-Lun dio al mundo uno de los materiales más importantes para el registro de la historia de la humanidad: el papel propiamente dicho.

A mediados del siglo VIII, durante una guerra emprendida entre chinos y árabes por la posesión de Samarcanda —antigua Maracanda y centro intelectual de los musulmanes—, éstos apresaron a un grupo de fabricantes chinos de papel. Como resultado, los árabes aprendieron las técnicas de manufactura y adaptaron el uso del papel a su cultura;

para el año 793 se elaboró papel en Bagdad por primera vez. Cuando los árabes conquistaron España, establecieron en esas tierras la industria del papel y su uso pronto fue aceptado por los cristianos españoles. En el siglo XIV el empleo del papel se extendió a Alemania, Francia y otros países de Occidente.

El papel más antiguo estaba hecho de materias primas fibrosas, en las cuales se empleaban tanto paja y madera como algodón y lino. Para fabricar el papel, la materia prima debía reducirse a pulpa por medio de golpes; luego se mezclaba con agua para preparar la pasta que se convertirían en hojas de papel por medio de moldes o bastidores. Este trabajo se hacía a mano, pero en 1150 por primera vez se empleó, en Játiva (España), el molino de papel movido con fuerza manual y después con energía eólica o hidráulica.

En los primeros años del virreinato en Nueva España, el papel que se empleaba para escribir los documentos oficiales se traía de la metrópoli. Sin embargo, dadas las dificultades y el retraso que ello implicaba, en el año de 1575, por cédula real expedida por Felipe II, se otorgó la concesión por veinte años para elaborar papel en tierras americanas a Hernán Sánchez de Muñón y a Juan Cornejo. Cinco años después se establecía el primer molino de papel en el pueblo de Culhuacán.

Mientras tanto, y ante la inicial escasez de papel, los frailes evangelizadores emplearon el papel indígena para satisfacer sus necesidades de escribanos.

El origen y uso ceremonial del papel indígena

En la zona cultural que los arqueólogos denominan Mesoamérica, para dar fe de sus registros históricos y culturales, los indígenas emplearon materiales tales como la piedra, la madera, la concha, las pieles de animales y el papel, el cual es muy probable que haya sido inventado por los olmecas de Olman, "el país del hule", pueblo de gran cultura nutriente de muchas otras, quienes incluso llegaron a utilizar vestidos hechos con fibra de amate.

Con el papel, los pueblos mesoamericanos elaboraron una especie de libros que en la actualidad conocemos con el nombre de *códices*. Se trata de largas tiras de amate, a veces hasta de diez metros de longitud, plegadas a la manera de los biombos, provistos en ambos extremos de una tapa de madera y en los cuales se escribía por las dos caras.

Los códices, en los que se registraba la historia, la ciencia, la mitología, la genealogía de los soberanos y las batallas o conquistas militares, sirvieron a los mixtecos, zapotecos, toltecas, nahuas, totonacos, huastecos y mayas. Cada uno de estos grupos dio nombre al papel según su idioma; aunque a partir de la Conquista, la nomenclatura se generalizó y el papel indígena se llamó, genéricamente, *ámatl* o *amate*, como hasta nuestros días.

En épocas precolombinas, el papel amate no se utilizaba sólo para escribir sino también como material imprescindible en ceremonias religiosas y rituales de diversa índole. Por ejemplo, como banderines para adornar el bulto mortuorio o las piras funerarias; como adornos sagrados de las vestimentas de los dioses, llamados *amatetéhuitl;* como atavío y adorno de los prisioneros que serían sacrificados a los dioses, y como vestimenta de las pequeñas figurillas que representaban dioses y que los indígenas llamaban *tepitones*. Asimismo, con papel se hacían las *amacalli*, "casa de amate", o coronas que se colocaban en la cabeza de algunos dioses tales como Chicomecóatl, deidad del maíz, Chalchiuhtlicue, diosa del agua, o Napatecuhtli, dios de los tejedores de petates. En las ceremonias que se efectuaban para despedir o recibir de sus largos viajes a las caravanas de los *pochtecas* o comerciantes, los objetos de papel estaban presentes en los atavíos y en las ofrendas que dedicaban a los dioses por sus favores y protección.

Para algunas ceremonias, las personas de pocas posibilidades económicas se confeccionaban ropa de papel, como lo hacían hace un poco más de cincuenta años los lacandones de la selva chiapaneca. A pesar de la importancia que tuvo el uso del papel en el México antiguo, los cronistas no registraron a detalle el procedimiento para elaborarlo como para conocer todos sus pormenores. Sin embargo, podemos inferir su fabricación a partir del método que han empleado, en nuestros tiempos modernos, ciertos grupos indígenas de nuestro país.

El papel amate recortado

Como decíamos, la tradición del uso del papel indígena no se ha perdido por completo. Hoy se emplea en la creación de objetos artísticos que conllevan funciones mágico-religiosas u ornamentales. En San Pablito, municipio de Pahuatlán, al papel lo llaman *gömi* o *puetey*, y los árboles de los cuales se extraen las fibras para elaborarlo son el *xalamatl* grande, que da un papel negro morado; el *xalamatl* bayo, de color blanco amarillento; el moral, que produce papel blanco; el *xalamatl* limón, igualmente blanco; y el *teochichicastle*, de tenue color amarillo.

Pasos para la elaboración del papel amate

El proceso se inicia con la recolección de la corteza durante los meses de abril, mayo y junio, en la época de la luna tierna, ya que es el momento cuando la fibra que se encuentra entre la corteza y el tronco se desprende con mayor facilidad. Recogida la corteza, los hombres la entregan a las mujeres, quienes la remojan en agua corriente para librarla de la parénquima, tejido de nutrición, y de las materias colorantes. Ya limpia la fibra, se arregla en manojos y se golpea con una pala de madera o piedra a fin de suavizarla, para proceder después a hervirla en una olla de barro. Si la fibra es suave, se agregan al agua cenizas de leña; si es muy dura, se añade agua de *nixtamal*.

Cuando ya están cocidas las fibras, se dejan enfriar y se lavan. Para mantenerlas húmedas y poderlas trabajar, se colocan en una vasija con agua. Entonces, una mujer toma una tabla de cuarenta centímetros de largo por quince de ancho, extiende sobre ella las fibras y las golpea con un batidor de piedra. Al macerarse, las fibras adquieren la forma de una hoja de papel. A continuación, la mujer da vuelta a la tabla e inicia el mismo procedimiento. Ya que la hoja está lista, se lija la superficie para unificar el grosor del pliego, se deja secar al aire libre y se desprende de la tabla.

La "costumbre", las ceremonias con papel amate

En San Pablito existen dos tipos de brujos: los hechiceros y los curanderos, todos ellos dirigidos por un brujo mayor que es el jefe supremo. El cargo que ocupan es hereditario, pues ellos aprendieron el oficio de sus padres y, a su vez, transmitirán sus conocimientos a sus hijos desde que son niños. La religión que practican los brujos y el pueblo otomí de San Pablito es una mezcla de catolicismo y paganismo en la cual se adora a los santos al mismo tiempo que al sol, el agua, la tierra, el fuego, el aire y las semillas. Temen y ofrecen ceremonias apaciguadoras a la luna, la cual tiene el poder de enfermar a las mujeres; al arco iris, que mata a las embarazadas; al diablo y a Motecuhzoma, quien personifica al "diablo del mal aire".

Para llevar a cabo sus ceremonias, los brujos emplean figuras de amate artísticamente recortadas. Cuando alguien enferma a consecuencia de las malas artes de Motecuhzoma, el curandero elabora una figura de papel negro de este diablo y se la pasa al enfermo por el pecho, la espalda y sobre la zona dañada del cuerpo, para que la enfermedad se aleje.

La figura del pájaro del monte, de dos cabezas, representa a un ángel bueno muy diestro y útil para ahuyentar de las casas a los malos espíritus de los diablos. Esta imagen debe colocarse, de preferencia, en la parte posterior de las puertas para que surta buen efecto.

Cuando se efectúa la ceremonia de bautizar las semillas, los brujos recortan muñecos en papel blanco y negro, que simbolizan semillas de maíz, garbanzo, cacahuate, chile, diversos animales y personas. Con éstas acuden en peregrinación a una cueva donde son venerados los dioses del fuego, el aire, el trueno y la semilla. Al otro día, se bautizan las figuras en un río cercano al santuario y el brujo las entrega a las autoridades civiles para que las cuiden y las distribuyan para su siembra cuando sea necesario.

Para dar gracias a la Madre Tierra por haber brindado buenas cosechas, el brujo elabora figuras de semillas que coloca en una mesa junto a las de un hombre y una mujer, representantes de lo masculino y lo femenino. Estas dos figuras se echan en una olla con cigarros, chocolate y pan, y se entierran en la milpa.

Las figuras de papel amate también se emplean para resolver conflictos amorosos o para llamar al amor, el cual es representado por medio de un muñeco al que se guarda en casa durante quince días, se le alimenta y se le ofrece una veladora que se mantiene encendida durante dicho lapso. En general, las figuras hechas con papel blanco representan y se utilizan para hacer el bien; en cambio, las de color negro simbolizan todo aquello que implica maldad.

Las figuras más utilizadas son las del hombre otomí, el pájaro del monte, la mujer, el hombre, el vigilante que evita pleitos dentro de las casas, el centinela que cuida las casas de los malos espíritus, el espíritu del león que ayuda a los muertos a saciar su sed, y la cama, la cual proporciona a las personas la seguridad de tener siempre un lugar donde descansar.

Los brujos recortan todas estas figuras a mano, con ayuda de unas tijeras y sin necesidad de emplear ningún tipo de patrón, sino con la sola habilidad que les dicta su tradición, experiencia y facultades artísticas.

La pintura en papel amate

Hace alrededor de cuarenta años, los pueblos nahuas de la región del Balsas, en el estado de Guerrero, se abocaron a la tarea de realizar hermosas pinturas sobre pliegos de papel amate. Si bien es cierto que el arte pictórico correspondía a los nahuas, el papel lo fabricaban sus hermanos otomíes de San Pablito, a quienes se lo compraban. Las primeras pinturas que se hicieron sobre papel amate eran la réplica de los diseños que por tradición servían para la decoración de la cerámica, consistentes, las más de las veces, en pájaros y flores.

Poco a poco, conforme esta nueva expresión artística se consolidó, los diseños cambiaron hacia una nueva forma de expresión llamada *historias*. En éstas se incorporaba el elemento humano dentro de los marcos de su actividad productiva y de su vida cotidiana. Se trataba, pues, de la representación pictográfica de la cultura, la cosmovisión y los estilos de vida de los nahuas de Guerrero.

En los amates pintados empezaron a aparecer escenas de caza y pesca, de mujeres que lavaban en el río, recolectaban o acarreaban agua.

En éstos se relataba el cultivo y la cosecha del maíz, además de las ceremonias a que cada faena agrícola es acreedora. Por supuesto que no podían faltar las historias que dan cuenta de las fiestas tradicionales de las comunidades, tales como el día del santo patrono, Semana Santa, Navidad y Día de Muertos; sin omitir las fiestas relacionadas con bodas, bautizos y hasta corridas de toros.

En la actualidad, los temas son sumamente variados; algunos relatan los conflictos históricos y sociales que han afectado a las comunidades a través del paso del tiempo. Asimismo, algunas pinturas se abocan a temas relacionados con el mundo de lo fantástico y sobrenatural, en las cuales aparecen pintados diablos, ángeles, muertes, serpientes y monstruos en medio de coloridos y bucólicos paisajes.

A pesar de que los temas de las pinturas son similares en toda la región, es posible distinguir estilos particulares por autor, incluso en atención a las diferentes localidades que las crean. Así, podemos diferenciar una pintura de Xalitla de otra de Ameyaltepec, Maxela, San Agustín Oapan, Tetelcingo, Ahuelican o Ahuehuepan. En cuanto a los autores, encontramos a verdaderos maestros de la pintura popular como Nicolás de Jesús, Agustín Ramírez, Victoria García, Marciano Vargas, María del Refugio Román y Francisco Lorenzo, por mencionar sólo algunos.

Las creaciones en amate se han innovado en cuanto a su tamaño y función. Ahora pueden encontrarse pinturas que van desde los huarachitos —tarjetas de cinco por siete centímetros— hasta los grandes cuadros que miden 2.40 por 1.60 metros. Asimismo, han empezado a elaborarse pantallas para lámparas y marcadores de libros.

Los instrumentos de producción de los pintores del amate son muy sencillos; les bastan hojas de papel, tinta, pinturas, pinceles y pegamento para crear sus estupendos cuadros. Para iniciar su labor creativa trazan el dibujo con tinta china o con *politec* negro. Si el cuadro lleva marco con motivos decorativos, empiezan por su trazado. Enseguida comienzan a dibujar por cualquier lugar de la superficie del papel, según de la costumbre y gusto del artista. Cuando el diseño se ha terminado, empieza a colorearse. A continuación se lleva a cabo el colado, por medio del cual se deslían de nuevo las figuras y se les da el acabado que se requiere.

Algunos pintores hacen solos sus creaciones artísticas, aunque la mayoría de las veces participan en la tarea todos los miembros de la familia, en una especie de división del trabajo en la cual el más dotado hace el trazado inicial, mientras los demás se dedican a colorear. El aprendizaje del oficio se efectúa a través de la observación directa, la práctica y la imitación. Los niños empiezan por ayudar a sus mayores a colorear y después, si son lo bastant aptos, se dedican a trazar el diseño.

Para terminar la semblanza de estos modernos *tlacuilos*, citemos las frases que escribiera el maravilloso cronista fray Bernardino de Sahagún en el siglo XVI en su famoso libro ya citado:

> *El pintor en su oficio, sabe usar los colores, y dibujar o señalar las imágenes con carbón, y hacer muy buena mezcla de colores y sábelos mover muy bien y mezclar. El buen pintor tiene buena mano, y gracia en el pintar, y considera muy bien lo que ha de pintar, y matiza muy bien la pintura, y sabe hacer las sombras, y los lejos, y follajes.*

XIV
El rebozo

Tenías un rebozo de seda

Tenías un rebozo en que lo blanco
iba sobre lo gris con gentileza
para hacer a los ojos que te amaban
un festejo de nieve en la maleza.

Del rebozo en la seda me anegaba
con fe, como en un golfo intenso y puro,
a oler abiertas rosas del presente
y herméticos botones del futuro.

(En abono de mi sinceridad
séame permitido un alegato:
entonces era yo seminarista
sin Baudelaire, sin rima y sin olfato).

¿Guardas, flor del terruño, aquel rebozo
de maleza y de nieve,
en cuya seda me adormí, aspirando
la quintaesencia de tu espalda leve?

Ramón López Velarde

Los inicios del rebozo

El rebozo es una prenda de vestir muy usada en México, y en algunos países de América Latina, de forma rectangular que puede medir desde un metro y medio hasta tres metros de longitud. Suelen elaborarse de seda, algodón, lana y artisela. Como indumentaria popular cuenta con una larga existencia si tomamos como su antecedente a un lienzo largo que las indígenas mesoamericanas solían usar para cubrirse cuerpo y cabeza de las inclemencias del sol y del frío, y para cargar a sus bebés. El Códice Mendocino, o la Matrícula de Tributos, (elaborado en 1540 por indígenas mexicas en papel europeo) y el Florentino (en español y ná- huatl, con comentarios de fray Bernardino de Sahagún), nos hablan de que en Mesoamérica existía una vestimenta hecha en telar de cintura que estaba formada por largas bandas de algodón.

En 1528, las Ordenanzas de la Real Audiencia de la Nueva España prohibieron a las negras, mulatas y mestizas el uso de lienzos a la mane- ra indígena; por tanto, tales mujeres lo modificaron hicieron los lienzos más largos y anchos, pintaron la prenda con añil para formar tonalida- des azules oscuro y azul pálido, y formaron el rapacejo, en el cual tejían animales y plantas con flores.

Fue en el año de 1562 cuando recibió el nombre de *rebozo*, con el cual aún se lo nombra. Numerosos cronistas, como Diego de Durán lo han mencionado ya en el siglo XVI con este nombre; él nos contaba que en Oaxaca se tejían rebozos con trama de algodón y seda. Otro cronista, fraile franciscano de nombre don Antonio de Ciudad Real menciona:

> *El vestido de las indias es una toca larga, blanca, con que cubren la cabeza, la cual les sirve de manto, unas las traen más largas que otras, pero ninguna llega hasta el suelo.*

Y de las mujeres purépechas, en concreto, nos dice:

Las indias visten como las mexicanas aunque difieren en algo porque traen una toca pequeña de red sobre la cabeza, y sobre esta toca desde el cuello y hombros hasta abajo, una manta blanca o pintada, que les sirve lo que los mantos a las españolas.

Este tipo de manto, tal como lo describen los cronistas, aún se utiliza en algunas comunidades indígenas de Puebla, Chiapas y Oaxaca, lugares donde se le conoce con el nombre de sabanitas, tapaderas, mamales y paños de sol. Sin embargo, todas estas prendas carecen de rapacejo; es decir, los flecos finales trabajados con gran arte, una de las características fundamentales que definen al rebozo como tal y que, sin duda, proviene de los flecos de la toca española y de los famosos mantones de Manila.

Para otros investigadores del arte textil, el rebozo es una derivación de una o dos tiras que forman parte de la estructura del *huipil* y que en algún momento dado las indígenas utilizaron como tapado. Esta teoría no se contrapone con la anterior; tan solo nos explica el origen de aquel lienzo citado por el cronista. Sea cual fuere el nacimiento del rebozo, lo cierto es que un lienzo con rapacejo de bello acabado se convirtió en una vestimenta netamente criolla, en la cual se que amalgamaron tradiciones indígenas, españolas y, sin dudarlo, orientales. Según nos plantea la investigadora Virginia Armella en su libro *Rebozos y sarapes de México,* nuestra prenda surgió como un sincretismo entre las tocas de algodón indígena elaboradas en telar de cintura, las fibras introducidas por los españoles —como la lana y la seda— y los rapacejos de tradición oriental. La creación del rebozo por parte de las mujeres indígenas y mestizas se debió, en gran medida, a la parca condición económica de estas mujeres, la cual les impedía adquirir mantos de anacoste, tocas de camino con rapacejo o mantos de raso o tafetán que sólo podían costear las mujeres españolas, mucho más solventes.

Las influencias culturales que recibió el rebozo se ampliaron con el tiempo, ya que la comunicación española con Oriente dio lugar a un fuerte comercio al cual no fue ajena Nueva España, pues a través de la nao de China llegaban mercancías orientales a Acapulco, para luego ser distribuidas en la principales ciudades de la colonia. Llegaron a México prendas tales como el sari hindú y el *xal* persa, mismos que contribuyeron a que el rebozo llegara a ser lo que hoy es, pues existen algunos rebozos muy fantasiosos con su tejido de tela amatelada y sus bordados de chaquira y lentejuela.

Hacia la segunda mitad del siglo XVI, el rebozo adquirió mayor realce y se convirtió en la prenda por excelencia de mestizas, mulatas y negras, mujeres que pusieron todo su empeño de tejedoras en la creación de hermosas tapados y rebozos. Tomás Gage en el siglo XVII escribió en su libro *Los viajes de Tomás Gage en la Nueva España*, acerca de las negras y las mulatas:

> *...se encuentran otras en la calle, que en lugar de mantillas se sirven de una rica faja de seda, de la cual se echan parte al hombro izquierdo y parte sostienen con la mano derecha...*

En este siglo XVII se producían rebozos chicos y grandes. Los primeros solían medir dos y media varas (medida de longitud que equivalía en Castilla 0.835 metros, pero que variaba según las provincias) por una de ancho; mientras los grandes tenían tres varas de largo por una de ancho.

Durante el siglo XVIII el rebozo ya era de uso común y todas las mujeres lo usaban. Tan es así que el segundo conde de Revillagigedo menciona:

Lo llevan sin exceptuar ni aún las monjas, las señoras más principales y ricas, y hasta las más infelices y pobres del bajo pueblo. Usan de ella como mantilla, como manteleta, en el estrado, en el paseo, y aún en la casa; se la tercian, se la ponen en la cabeza, se embozan con ella y la atan y anudan alrededor del cuerpo...

En este mismo siglo ya se producían rebozos en Tultepec, pueblo otomí famoso por sus rebozos azules con listas blancas. De esta época podemos hablar de los rebozos de seda y oro; azules y *coaplaxtles*; de tela anteada (de color ante o amarillento) con flecos de oro y rebozos de tela verde con flecos de plata. Además estaban los centros reboceros de Chapa de Mota, en el Estado de México; Santa María del Río en San Luís Potosí; en Altepex y Acaxochitlán, en Puebla, y Yalalag, en Oaxaca. Aun cuando se hacían muchos diseños, tenían preferencia los que empleaban la técnica del *ikat* con bordados y de corto rapacejo. Las mujeres adineradas podían lucir rebozos de seda con bordados de oro y plata; en cambio, las mujeres del pueblo los llevaban de algodón.

Este siglo se destacó porque los rebozos empezaron a bordarse. Los bordados representaban verdaderas escenas de la vida cotidiana, como es el caso de un rebozo en el cual se bordó una escena del Paseo de la Alameda, acompañada por cornucopias llenas de flores y pájaros. Algunos de los bordados de esta época se confeccionaron con seda de China o de aquella que llegaba de la Mixteca, teñida con grana y otros colorantes naturales.

Un siglo después se hablaba de rebozos finos, superfinos y labrados. Famosos también eran los chapanecos, los petatillos, los rejadillos, los salomónicos, los rebozos de la sierra, de sandía, de tela de oro, los poblanos, los columbinos, los cuatreados, los enterciados y los de nácar, especialmente bellos. Por desgracia no podemos determinar con precisión cómo era cada uno de éstos, aunque sí podemos afirmar que eran empleados por casi todas las mujeres novohispanas: monjas, mujeres humildes y de alcurnia, quienes acudían al rebozo para lucirlo en cualquier ocasión y arreglado de las más diversas maneras: en la cabeza, terciado, atado alrededor del cuerpo o embozado. Es decir, las posibilidades de ponerse un rebozo correspondían —como ahora— a la imaginación de la dueña. La mujer indígena retomó el uso del rebozo que le fuera prohibido dos siglos antes con la misma función que había tenido durante la época prehispánica.

La producción de rebozos no era arbitraria, pues estaba regulada gracias a las ordenanzas del virrey Miguel de la Grúa Talamanca de Carini y Branciforte (1755-1812) en lo referente a los materiales, las medidas y la hechura. Además, cada rebozo, ya fuese fino o corriente, debía llevar un sello que a un lado ostentara las armas de la ciudad y, en su reverso, la constancia de su calidad.

Durante el siglo XIX adquirieron fama los rebozos de Sultepec y Temascaltepec, tejidos en telar de *otate* y profusamente bordados, que hacían el deleite de las mujeres, para quienes el rebozo había llegado a constituir una imprescindible vestimenta de su cotidiano guardarropa. Pero el gusto no duró mucho, pues a raíz de la revolución de principios del siglo XIX, la producción disminuyó poco a poco, a tal grado que tuvieron que importarse del país vecino, es decir, de Estados Unidos de América. También se importaron de otros países, como los rebozos de seda de Francia, Japón, España o Guatemala. Por fortuna, esta situación cambió gracias al fomento de la manufactura del rebozo que llevó a cabo don Daniel Rubín de la Borbolla, quien impulsó de nuevo la producción en Santa María del Río (San Luís Potosí), y Tenancingo (Estado de México).

El rebozo en nuestros días

En la actualidad muchos grupos indígenas distribuidos a lo largo de la República Mexicana elaboran rebozos en telares de cintura con muy variadas fibras, diseños y rapacejos, y con accesorios tales como la chaquira y la lentejuela, los cuales permiten distinguir el lugar de origen de cada rebozo, ya que cada comunidad les imprime sus características propias y distintivas. Por ejemplo, las mujeres nahuas de Cloaca (Puebla), tejen rebozos blancos de algodón con rapacejos adornados con estrellas. Los que se producen en Beristaín son de lana de un solo color. En Ixutitla encontramos rebozos listados en azul marino, crema y blanco. En Altepeji son propios los paños de sol, que tejen los hombres en telar de pedales. En Huayapan, las mujeres elaboran unos hermosos rebozos de lana blanca o negra, bordados en punto de cruz con motivos florales o zoomorfos. En la sierra zapoteca de Oaxaca, las indígenas los tejen en algodón natural o teñidos de color magenta; además, hacen rebozos gruesos de lana con rapacejos de macramé que se parecen mucho a los de Yalalag, sólo que éstos llevan un empuntado llamado *costillas de pescado*.

Aparte de los pueblos indígenas, existen en México lugares específicos que se han destacado por su producción de rebozos. De estos centros, los más importantes se encuentran en el Estado de México, Michoacán, Coahuila, Hidalgo y San Luis Potosí. En Tenancingo (Estado de México), se elaboran rebozos finos en un telar de cintura que se denomina *de aliño*. Para los rebozos llamados *de labor* se emplea el telar de pedales; para los paños de artisela se usa el telar mecánico o de poder. Los rebozos pueden ser listados, lisos de un solo color o hechos con la técnica del *ikat*. Los diseños reciben los nombres de greca, de faro, de bolita, palomitos y zurdos. El rapacejo está hecho a base de nudos, con los cuales se forman arcos, cocoles y hasta letras.

En Zamora (Michoacán), se tejen hermosos rebozos de seda, al igual que en Saltillo (Coahuila). En Tulancingo (Hidalgo), son famosos los rebozos de color negro azulado. Pero, sin lugar a dudas, uno de los centros productores de rebozos más importantes es el de Santa María del Río (San Luis Potosí), en donde se tejen rebozos de seda y algodón, con diseños llamados brinco, bombilla, cordón, chilaquil, garrapata, fraude, pasamano, lluvia, veta ciega, tablero, polko y rosario.

Los rebozos se tejen con fibras de algodón, seda, artisela y lana. El hilado de la lana y el algodón se hace por medio de un *malacate* o con la mano. Los hilos que se obtienen se tiñen antes de tejer el rebozo, aunque en ocasiones puede hacerse después. Hoy predominan los tintes químicos, aun cuando todavía se producen rebozos que se tiñen con productos naturales, como los rebozos samaritanos de Santa María del Río, que se pintan con un liquen llamado *barbilla*, mismo que crece en las zonas áridas del estado. También se utiliza el hierro viejo podrido en agua, para obtener un color negro que es especial de los rebozos de Tejupilco (Estado de México). Asimismo, los rebozos pueden teñirse con añil, planta que produce un color azul, fermentado con orines, glucosa, cal y hojas de *muicle*. El cempasúchil se utiliza para conseguir el color amarillo, el carmín se obtiene de la cochinilla y el tornasolado de los líquenes.

Un procedimiento de teñido muy usado en los rebozos es el *kyat*, que también se conoce como técnica de anudado o reservado. La palabra *kyat* significa "atar" en malayo y proviene de la palabra *mengikat*. Se desconoce el origen de esta técnica en México, pues no se sabe si se usaba ya en la época prehispánica o si provino de España o de la India.

Para tejer los rebozos se utilizan dos tipos de telar: el de pedales y el mecánico o de poder; aparte, por supuesto, del telar de cintura empleado, sobre todo, por los grupos indígenas. El primero se utiliza para realizar los rebozos de labor y el segundo para los de artisela. Una vez que el rebozo ha sido tejido, se procede a trabajar el rapacejo, tarea que requiere gran maestría y arte. Ya terminada la prenda, se plancha con almidón que es lo mismo que entrocular.

Un rebozo es una prenda muy delicada que requiere de ciertos cuidados para su buen mantenimiento. Puede lavarse en casa, pero debe hacerse en un día soleado para que no guarde mucho tiempo la humedad. Debe emplearse jabón neutro, sin sebo ni sosa cáustica, y agua previamente salada, cuando menos la primera vez que se lava. No debe exprimirse sino sólo eliminar el exceso de agua, después de haber sido enjuagado por completo. Si el rebozo es de seda, se tiende al sol; si es de algodón, al aire. Se plancha mientras está húmedo. Nunca debe guardarse doblado porque se diluye el tinte en la parte de los pliegues. En cambio, se conservan perfectos cuando se enrollan en un palo de escoba.

XV
El barrio de Tepito

Dedicado a Fernando César Ramírez, el poeta de Tepito.

El barrio de Tepito se ha caracterizado por poseer una dinámica socioeconómica sumamente particular, fundamentada en dos factores básicos que han originado formas específicas de subsistencia y de adaptación a su entorno. nos referimos al factor económico y al factor urbanístico arquitectónico. Estos dos factores han repercutido, de manera sustancial, en los ámbitos de la cultura y de las interrelaciones sociales, y han otorgado al barrio de Tepito un perfil *sui generis*. Su capacidad de adaptación ante frecuentes condiciones históricas hostiles, su polifacético y multicultural doblamiento, cuya consecuencia directa ha sido el surgimiento de estilos de vida que lo distinguen de otros barrios citadinos, su peligro de convertirse en un modelo económico a seguir por otras comunidades urbanas, y su situación crítica originada por el desenfrenado crecimiento del mercado de fayuca y sus desintegradores efectos colaterales, nos impele a conocerlo más a fondo.

Tepito es un barrio que cuenta con una larga trayectoria histórica, en cuyo devenir se han formado las condiciones económicas, sociales y culturales que lo han configurado como el barrio más temido, más atractivo, más mágico y más popular de la ciudad de México. Podemos asegurar que es el barrio leyenda por excelencia.

Al ser la palabra *barrio* una noción fundamentada en lo comunal y en la identidad colectiva, no podemos dejar de considerar que el barrio implica el concepto espacio donde se asienta determinado grupo y, por ende, el tipo de urbanización y su representación arquitectónica. En este caso nos referimos a las vecindades, modalidad habitacional que, desde hace más de un siglo, funge como ámbito de socialización, generador de cultura popular ritualizada y expresada en manifestaciones tales como la religiosidad, las fiestas, la tradición oral, el habla, los juegos, la literatura, el compadrazgo, el chisme; incluso, la vecindad transformada —junto con la calle— en extensión de la vivienda donde se realizan actividades productivas. Es la vecindad uno de los ejes que, a la par que lo económico, conforma la concepción de la vida y de la muerte, además de las diversas cosmovisiones de los tepiteños históricos y modernos. Por tanto, la vecindad, los patios, su zaguán y sus lavaderos constituyen espacios generadores fundamentales de las manifestaciones de la cultura popular del barrio.

Un factor condicionante de la evolución social y política, cultural y de gestación del "ser" del tepiteño está dado por el aspecto económico. En el caso de Tepito, los gremios artesanales, los oficios y la actividad productiva en los mercados constituyen modalidades económicas que han acompañado a los habitantes del barrio desde las épocas anteriores a la occidentalización de México y que perduran hasta nuestros días. El factor económico, en sus diferentes expresiones, ha sido el motor del desarrollo social del barrio. La capacidad de adaptación del tepiteño a formas económicas de reciclaje, mismas que le permiten componer lo descompuesto para ponerlo de nuevo a circular y recrear una red de venta y consumo, ha propiciado la subsistencia y la creación de nuevas formas de vida, con todo lo que esto conlleva en el plano cultural, pertinentes a las necesidades de un momento histórico determinado.

En la actualidad, la expansión desorbitada de la fayuca, aunada a los usos de las antiguas viviendas como bodegas de mercancías y al surgimiento de construcciones habitacionales ajenas a la tradición y a la idiosincrasia de la comunidad, han sumergido al barrio en una crisis social y cultural que, en apariencia y a la larga, terminará con la identidad de los tepiteños. Corresponde a los tepiteños determinar el futuro de Tepito. A nosotros, reflexionar sobre la problemática que repercute, de una manera u otra, sobre el resto de la sociedad mexicana. Conozcamos ahora algunos aspectos culturales e históricos del mítico barrio, como dijera Daniel Manrique, el pintor tepiteño conocido mundialmente.

Tepito en los inicios

La historia del barrio de Tepito se inició cuando los mexicas, asentados en su magnífica ciudad, se dividieron en dos grupos: los de Tenochtitlan, en el centro, y los de Tlatelolco hacia el norte de la ciudad. Tlatelolco comprendía 19 barrios y Tepito se asentaba en los de Mecamalinco, Teocaltitlan, Atenentitlan o Amaxac, Tepocticaltitlan, Apohuacan y parte de Atenantitech.

En el barrio de Mecamalinco, hoy plaza Fray Bartolomé, había una pequeña pirámide donde la gente más pobre rendía culto a sus dioses. En náhuatl, *pequeño* se dice *tepiton*, por lo que de ahí proviene el nombre de Tepito.

Cuando Tlatelolco cayó en manos del *tlatoani* de Tenochtitlan, Axayácatl, los tepiteños se convirtieron en tributarios de la Triple Alianza, formada por Texcoco, Tlacopan y Tenochtitlan. Bajo el gobierno de Tenochtitlan, Tlatelolco pasó a ser el principal barrio comercial debido a su gran mercado. Los productos que no pasaban la estricta supervisión de los jueces *pochtecas* se vendían en el mercado chico o Tepito, situado junto al templo antes mencionado.

Cuauhtémoc, señor de Tlatelolco, sucedió a su tío Cuitlahuac, señor de Tenochtitlan, para continuar la defensa de la ciudad frente a la invasión española. Cuando Cuauhtémoc perdió la batalla en el Templo Mayor, retiró al barrio de Atenantitech su campo de operaciones, en el lugar donde hoy está la iglesia de Santa Ana, y gran parte de la población mexica se refugió en Amaxac.

Cuauhtémoc fue derrotado en Amaxac, después de una cruenta lucha ayudado por los tepiteños. Fue apresado en el lugar actual de la iglesia de La Conchita, misma que entonces se conoció como Tequipehuca, "lugar donde comenzó la esclavitud".

El Tepito colonial: bravo y contestatario

A causa de la conquista española, Tepito se vio sometido a una ideología impuesta. En la primera traza de la ciudad hispana quedó fuera de los límites y devino un barrio marginal, refugio de inmigrantes indígenas y negros no muy deseados en la ciudad. Asimismo, en el barrio se escondían los malhechores y tahúres.

Poco a poco, el barrio se convirtió en una zona de gran flujo económico, debido a que formaba parte de la ruta comercial que unía a la ciudad de México con el norte del país. Este hecho hizo que floreciera el comercio y aumentase la población que habitaba pequeñas casas de adobe.

En la tercera traza de la ciudad de México, el barrio quedó ubicado en el Séptimo Cuartel, lo cual lo benefició, ya que en Tepito se obtenía la mano de obra de albañilería para las construcciones de edificios y obras públicas, además de las personas destinadas a la servidumbre en las casas de los españoles ricos.

En estos años coloniales, las necesidades económicas de los nuevos pobladores motivaron el surgimiento de algunos gremios artesanales que, con el tiempo, darían fama al barrio: los talabarteros, los herreros y los zapateros.

Tepito ya era considerado como un arrabal de cierto peligro, cuyos habitantes solían organizarse para protestar contra las arbitrariedades de las autoridades. Aquí empezó su fama de barrio bravo y contestatario.

Tepito y sus vecindades

La historia de Tepito es la historia de sus vecindades. La importancia de estas viviendas, típicamente urbanas y populares, radica en el hecho de ser el espacio donde se producen los procesos de socialización y de interrelaciones humanas. En los zaguanes, patios, lavaderos y viviendas se propician las condiciones generadoras de la cultura que da identidad y cohesión a los habitantes del barrio.

La existencia de las vecindades de Tepito data del año 1853. En esa época, la ciudad de México se ensanchó hacia el noroeste, lo cual dio origen a la formación de la colonia Violante, primer fraccionamiento que formara parte de Tepito. Los materiales con que fueron construidas estas habitaciones populares eran baratos: adobe, tabique, vigas de madera y cimentación de piedra.

Cada vivienda albergaba familias numerosas que compartían baños y lavaderos comunes. Debido al poco espacio con que se contaba, los habitantes construyeron los famosos tapancos, que servían para colocar una cama o diversos objetos domésticos.

Hacia el año 1902, en la etapa porfirista, Tepito alcanzó un auge comercial que ocasionó el surgimiento de fraccionamientos como La bolsa y Díaz de León, y de mesones que albergaban a los numerosos inmigrantes que llegaban al barrio atraídos por el comercio.

Poco después, y ya en plena Revolución, el flujo comercial disminuyó. Sin embargo, la población continuó en crecimiento, lo cual obligó a las casas construidas en el porfiriato a convertirse en vecindades.

En la primera mitad del siglo xx se continuó con la construcción de vecindades, las cuales se deterioraron a causa del Decreto de Congelación de Rentas de 1942.

En 1972, a raíz del Plan Tepito, el Gobierno propuso la reconstrucción de vecindades, la cual fracasó debido que no se tomaba en cuenta la cultura del tepiteño, nutrida de patios y zaguanes. En la actualidad, la mayoría de las vecindades han modificado su función de cohesión cultural para convertirse en bodegas de fayuca.

Fernando Ramírez, el poeta de Tepito, nos dice en un artículo inédito:

Cuatro por cuatro no son las dimensiones del ring, *sino del cuarto donde vivo y que ocupamos ocho personas. Aunque también hay otro donde el especio lo ocupa la cocina, la azotehuela y el baño... ¡Se me olvidaba la recamara flotante: el tapanco! Ahí, por las noches, duermen mis padres y mis hermanas; abajo, mis hermanos y yo. Tanta gente en tan poco espacio provoca conflictos cotidianos.*

Para entrar al baño tienen que esperar a que termine quien entró primero; desgracia es cuando está papá, pues se tarda mucho. Lo mismo ocurre cuando entramos a bañarnos, corremos la cortina, metemos una cubeta llena de agua caliente y otra de agua fría, y a puros jicarazos.

Pero... aunque en honor a la verdad toda la vivienda es cocina, recámara, comedor, sala, lugar de estudio ¡Lo que quieras! Exactamente no hay una regla para el orden. ¡Bueno!, hasta zoológico tenemos: pájaros, gatos, perros, ratas, chinches, cucarachas y, en ocasiones, un tío nos regala un pollo o una gallina.

Cuando hay fiesta se sientan en la cama y se acercan la mesa, alrededor de ella sillas y banquitos. Si no alcanzas te sientas en la escalera del tapanco o, ya de perdida, te quedas parado y todos a comer. Si llegan más personas no queda de otra que pedirles a las vecinas sillas y mesas, y en el patio, como restorán de la Zona Rosa, comemos al aire libre.

Por eso a mí me gusta estar en el tapanco, me siento en lo íntimo, como si tuviera mi propio cuarto ¡Sí! Aquí como, aquí estudio, aquí... aquí vivo.

El tianguis fayuquero tiene nombre de dinero

La venta de fayuca, o de artículos de contrabando de manufactura extranjera, se inició en el año de 1963. Desde entonces ha crecido hasta convertirse en un serio problema social para los habitantes del barrio. El oficio de fayuquero no es homogéneo. Resulta curioso que los fayuqueros que comercian en gran escala reciben la protección de políticos importantes o "padrinos". Transportan su mercancía en tráileres escoltados y la guardan en bodegas con desembarcos relámpago. Están auxiliados y protegidos por inspectores y aduaneros, a fin de que no se les decomisen sus artículos. En cambio, los fayuqueros menores deben enfrentarse a los agentes aduanales y pagar frecuentes "mordidas" para no ser encarcelados.

Existen fayuqueros con puestos ilegales, sin permiso oficial, y otros legales que los han obtenido al afiliarse a las agrupaciones de comerciantes, donde se juegan intereses políticos y económicos. Los líderes de las agrupaciones ofrecen protección a los tianguistas legales e ilegales a cambio de dinero. Cada líder controla determinado territorio y grupo de comerciantes, a los cuales presta dinero con desproporcionados intereses, los protege de las autoridades cuando quieren llevarse su mercancía y ayudan con dinero en caso de enfermedad o muerte, el cual cobran a la familia.

Héroes y mitos: los personajes de Tepito

En Tepito, los personajes famosos han existido siempre. Desde la época colonial los tipos populares pululaban en el barrio mientras ejercían oficios o desplumaban al prójimo. Por desgracia, muchos se perdieron con el tiempo; a otros, la tradición oral los olvidó. Sin embargo, no todos desaparecieron y algunos supieron mantenerse en la memoria colectiva, como el famoso ratero apodado el Veneno, el Curahuesos don Filomeno; la Muñeca, mujer dedicada a la vida alegre, y don Ramón Borrego, de oficio cargador o *tameme*. Todos ellos formaron parte de la fauna mitológica de principios del siglo xx.

Los personajes del barrio son especies de símbolos, de arquetipos que surgen de la realidad de su mundo circundante —aunque luego se conviertan en seres fantásticos—, y que expresan los valores culturales y las circunstancias sociales del momento histórico en el cual viven. Es por ello que los personajes populares de Tepito han destacado en muy diversos campos del quehacer humano; en actividades que en mayor o menor medida son relevantes y significativas para el barrio y porque, además, representan ideales colectivos: fama, dinero, posición.

Tepiteños famosos los ha habido en el dominio de la delincuencia, como Lola la Chata y el Manos de seda, jamás atrapado por la policía. Dentro del box, Kid Azteca y José Medel, alías el Huitlacoche. En el futbol no puede olvidarse a Manolete Hernández, centro delantero del Atlante. En cuanto al comercio de chácharas, se hace necesario nombrar a Yolanda Cortés, la Tomatita, temida y apreciada por su valor. Y si de bailar se trata, está Adalberto Martínez, Resortes, rey del baile popular. Como trabajadores de las letras han sobresalido Armando Ramírez, autor del libro *Chin Chin el Teporocho*, y José Guadalupe Aguirre, el poeta de Tepito. En el ámbito de la pintura puede hablarse de Daniel Manrique y Julián Ceballos, del movimiento Tepito, Arte Acá. Y como exponente de los oficios está el muy querido Juanito Guevara, zapatero de oficio.

XVI
El arte popular y la artesanía

E l arte aparece en los inicios de la humanidad durante el proceso del trabajo, pues en un principio se entrelazaba con él, para, poco a poco, alejarse y adquirir estatus propio. En el ámbito antropológico, compartimos la afirmación de David Hunter que en su *Enciclopedia de Antropología* nos dice que:

> *...Tanto el arte como los cánones estéticos surgen del condicionamiento cultural y son, por tanto, específicos de cada pueblo. Antes de definir el arte... es necesario, pues, disponer de una base conceptual. Toda definición antropológica del arte debe ser suficientemente amplia para que permita una comparación transcultural, y a su vez, tener en cuenta la concepción particular del arte en determinada cultura... desde esta perspectiva, cabe definir el arte como un conjunto de formas resultantes de procesos creativos con el movimiento, el sonido, las palabras o los materiales... En cuanto al aspecto material, el arte se relaciona directamente con la producción de bienes, con la interacción social y con la expresión ideológica.*

En resumen, el estudio antropológico del arte es, en esencia, un análisis de formas culturales y de los procesos sociales que las engendran de acuerdo con las normas estéticas de un grupo social específico, en determinado momento.

¿Qué entendemos por *arte popular*?

Basados en la anterior definición, digamos que el arte popular es un conjunto de manifestaciones estéticas que son producto de la experiencia cultural del pueblo, y en cuyas obras los artistas populares han plasmado, por medio de su creatividad y de su técnica, la estética que rige en el grupo social al cual pertenece, en un tiempo determinado que corresponde a las condiciones socioeconómicas de una etapa histórica específica. Es decir, el arte popular es el conjunto de las obras producidas por personas arraigadas a la tradición estética de su grupo, que en nuestra sociedad dividida en clases antagónicas corresponde a la cultura subalterna.

Para que las creaciones populares sean obras de arte deben llevar implícita una intención estética satisfactoria, cuya función debe catalogarse como utilitaria y práctica dentro de la comunidad, en terrenos tales como el doméstico, el religioso, el ornamental, el recreativo y el religioso. Debemos buscar los principios generales y sustantivos de las creaciones de arte popular en las tradiciones del grupo; es decir, en los valores, creencias, reglas y pautas de conducta que son aceptados y compartidos por cada uno de los diferentes sectores que integran a los creadores de cultura popular y que se transmiten de generación en generación, como parte integrante del proceso de socialización.

El arte popular mexicano tiene su inicio en el siglo XVI. No es, ni mucho menos, una continuación del arte que produjeron los antepasados prehispánicos; tampoco es un arte meramente europeo, ni por su fundamento estético ni por su tecnología; por el contrario, se trata de un arte que ha sufrido un fuerte mestizaje desde la Colonia, aunado a los aportes de índole asiática y africana, mismos que se sintetizaron a partir de la Independencia para dar lugar a lo que es hoy el arte popular mexicano.

Al estrato artesanal de arte indígena que encontraron los españoles conquistadores, de una riqueza incomparable en todos los campos del quehacer artístico, aportaron nuevas técnicas, por ejemplo el vidriado, y algunos instrumentos, como el telar de pedales y el torno, además de múltiples herramientas en acero y hierro.

El tráfico comercial de Nueva España con China, mediante la famosa nao, trajo aportaciones culturales al incipiente arte popular mexicano, como es el caso de la mayólica o talavera de Puebla o de ciertas lacas que encontramos en Michoacán, específicamente en Pátzcuaro.

Don Daniel Rubín de la Borbolla nos dice al respecto, en su libro *Arte popular Mexicano*:

> *La conquista y la colonización produjeron una revolución en la clase artesanal. El arte popular ocasionó innumerables actos de su interculturización entre América y Europa en el siglo XVI y después. Ni al artesano indígena ni al europeo se les escaparon las ventajas de las materias primas, herramientas y técnicas que cada uno transmitió al otro, enriqueciéndose mutuamente y aumentándose también con nuevos estilos y conceptos estéticos.*
>
> *Probablemente el indio, por necesidad, haya sido el primero en comprender las ventajas del martillo, del hacha, de la piedra y del cuchillo de acero o de hierro, mientras que el español pronto se percató de que no existían en España o en Europa colorantes tan bellos y fijos como la cochinilla o el palo de tinte...*

Características del arte popular

La primera característica fundamental de las obras de arte popular es que necesariamente siguen modelos tradicionales aceptados por la comunidad desde antiguo y que constituyen uno de los mayores signos de su identidad; entendida ésta como la noción consciente de que se pertenece a una cultura, se comparte la lengua, las creencias, los hábitos, etcétera, y se tiene un fuerte sentimiento de pertenencia. Sin embargo, al tiempo que el arte popular es en esencia tradicional, es también dinámico, pues cambia y se transforma como cualquier fenómeno social, pero siempre conserva una personalidad que lo distingue como tal.

Otra característica es que la obra de arte popular conlleva una función estética; es decir, una necesidad de adornar y de hacer bellos a los objetos y a las actividades de la vida diaria. Sobre todo a aquéllos que se utilizan en ocasiones especiales, como las celebraciones religiosas y las fiestas tradicionales. Por tanto, el arte popular es utilitario, ceremonial y ornamental.

La tercera característica es que los objetos de arte popular son elaborados por artistas que no han acudido a recibir ningún tipo de enseñanza institucionalizada, como academias o escuelas, sino que se han formado en su comunidad y responden, en términos fundamentales, a las necesidades tradicionales estéticas de su grupo. Pero ello no significa que su trabajo sea repetitivo de una generación a otra, como una cosa muerta, sino que sus modelos tradicionales son ideas abstractas, que le posibilitan expresar con amplitud su creatividad. Es por este motivo que podemos decir que el arte popular es tradicional, pero a la vez libre y dinámico.

Digamos que la cuarta característica nos habla de que el artista popular no intelectualiza sus obras, porque son espontáneas y frescas. Sin embargo, no debemos entender lo anterior como si es artista no reflexionara lo que hace, porque el arte popular es espontáneo y reflexivo.

En muchos casos, el artista popular no firma sus obras y ésta se pierden en el anonimato, entre las obras de otros autores seguidores de los mismos modelos tradicionales. Este fenómeno confiere al arte popular la quinta característica de ser, a la vez, individual y colectivo.

Por lo general, el artista popular destina sus artículos para el autoconsumo o para el de un individuo allegado a su comunidad, aunque algunas veces los destine a la venta, pero siempre en ese mismo ámbito. Entonces podemos decir que, en esencia, el arte popular es un artículo de consumo de venta comunitaria.

Por último, encontramos la séptima característica en el hecho de que, por ser los objetos de arte popular producto de un conjunto de técnicas y reglas de un oficio que el artesano aplica con habilidad, igual que en el caso de la elaboración de artesanía, el arte popular es una artesanía, aunque con la salvedad de que no toda artesanía es arte popular.

¿Qué es la artesanía?

Según el folleto de *Ramas artesanales y conceptos básicos del proyecto del Atlas Artesanal de México,* elaborado por el Fondo Nacional para el Fomento de las Artesanías, se define la artesanía como el objeto que procede a la actividad artesanal; se trata de un bien duradero o de un producto efímero que sirve para fines tales como el doméstico, ceremonial, de ornato, de ornato corporal, laboral o destinado a la vestimenta. A la persona que produce estos objetos se le llama *artesano*, quien por lo general trabaja por su cuenta, con una técnica de predominancia manual, a la cual, en algunos casos, añade la habilidad artística que le es propia, según sus patrones estéticos.

Adicionada a esta definición, bien podríamos incluir aquella que nos brinda don Alfonso Caso en su artículo "La protección de las artes populares", y que a la letra dice:

> *Hay evidentemente una producción popular que no persigue fines estéticos y que tiende simplemente a satisfacer las necesidades de la población indígena y en algunos casos de toda la población. El buen gusto innato del indio o del mestizo, hace que algunas veces estos productos, puramente utilitarios, tengan un sello de originalidad y simplicidad que los transforman en objetos de arte; pero en la mayoría de los casos, son simplemente objetos útiles que no tienen valor estético.*

A diferencia de la obra de arte popular, el producto artesanal no refleja, la gran mayoría de las veces, la potencialidad creativa del artesano, aunque la tenga, sino que es la repetición mecánica y rutinaria de una idea. Los objetos son elaborados en serie con una intención básica utilitaria o decorativa y no estética. El artesano, al producir en serie, ahorra tiempo por medio del uso de moldes o de piezas que luego ensamblará para formar el producto final. Las piezas que se producen son iguales, aunque con pequeñas diferencias de carácter técnico. Para el artesano, la producción artesanal es su modo de vida. El destino final de las piezas es su venta, la cual puede realizarse en mercados locales, regionales, nacionales, incluso internacionales. El artesano suele apartarse de los modelos tradicionales de su comunidad para adaptarse al gusto de la demanda del mercado urbano y moderno. Es decir, se rige por modas impuestas y ajenas a su tradición.

Como nos dice Jas Reuter en su ensayo *El arte popular*:

Con todo, tanto el arte popular como la artesanía son actividades humanas y son, por lo tanto, entidades vivas, cambiantes como lo es toda actividad humana. Lo que hoy es obra de arte puede convertirse en artesanía mañana; lo que antiguamente era artesanía puede ser considerado como arte popular hoy. Y no debemos olvidar que en toda obra de arte, y no sólo en lo popular, existe como elemento fundamental lo que llamamos oficio, o sea la habilidad para aplicar una determinada técnica a un determinado material. Y esto es artesanía.

Los modelos de la producción artesanal

El modelo de producción familiar

Casi siempre encontramos este tipo de producción como actividad paralela a la agricultura. Presupone la existencia de una división primaria del trabajo, en atención al sexo y la edad de los participantes. El producto artesanal íntegro es elaborado por los miembros de la familia, desde la recolección de la materia prima del entorno físico hasta la terminación del producto artesanal. El aprendizaje se lleva a cabo en el seno de la familia y los conocimientos se transmiten de una generación a otra. Las herramientas de trabajo son bastante elementales y, en muchas ocasiones, fabricadas en el mismo hogar. Los productos del taller familiar están destinados a la venta en los mercados locales, o bien, toda la remesa se vende a los comerciantes establecidos que se encargan de venderla a mayor costo, para sacarle buen provecho. Como es obvio, los ingresos por las ventas son muy escasos: sólo alcanzan para medio sobrevivir y comenzar el ciclo productivo.

El modelo del pequeño taller con obreros

El taller lo dirige un maestro en el oficio, encargado de vigilar el proceso de producción de los artesanos a su cargo, a la par que trabaja con ellos. Los instrumentos de trabajo se compran en tiendas especializadas. La inversión destinada a las herramientas es mayor, pues debe haber las suficientes para que cada artesano pueda trabajar de forma simultánea en la misma labor. No existe la división del trabajo, ya que cada uno inicia y termina una pieza. El maestro que dirige el taller es el dueño de los medios de producción y quien paga a los artesanos por su fuerza de trabajo. Valga el ejemplo de algunos talleres de cerámica en Tlaquepaque (Jalisco).

El modelo de taller individual

En este caso, el artesano es siempre un maestro en el oficio, dueño de los instrumentos de producción y encargado de efectuar todo el proceso de producción, desde el inicio de una pieza hasta su término. Por lo general realiza su producción por encargo de particulares, comercios o instituciones públicas, como tiendas de museos. A este modelo pertenece Raúl Salazar, joyero en plata del Distrito Federal.

El modelo de manufactura

El dueño del taller es, casi siempre, ajeno al oficio. Sus funciones se limitan a administrar el negocio y no participa en el proceso productivo. La manufactura cuenta con una fuerte división del trabajo, la cual exige una buena organización y participación de los artesanos especializados. A pesar de la persistencia de la técnica manual, ésta se auxilia con instrumentos especializados para hacer más ligero y soportable el trabajo. Muchas veces se recurre al trabajo en cadena, mismo que origina un volumen de producción lo bastante grande como para almacenar parte de la producción. Como ejemplo tenemos los talleres de vidrio soplado de la calle de Carretones, en la ciudad de México, o las panaderías artesanales, como la Ortiz en Morelia. En este último ejemplo, los dueños son maestros en el oficio y sí participan en el proceso productivo.

Las ramas artesanales

Con estos términos nos referimos a cada una de las áreas artesanales en que se divide la producción. Cada una de éstas requiere una técnica, es decir, un conjunto de procedimientos e instrumentos que le son necesarios, además de una materia prima, un acabado y un destino para su venta. Asimismo, cada producto artesanal tiene una función específica, la cual puede ser ceremonial, doméstica, de indumentaria, de ornato personal, de ornato doméstico, laboral y lúdica.

Las más importantes ramas artesanales de nuestro país son la cerámica, la cantería, la carpintería, la cartonería y papelería, la cerería, la cestería, la talabartería, la jarciería, la orfebrería, la lapidaria, la laquería, la metalistería, la imaginería popular, la textilería, la vidriería, la pirotecnia y la talla; además de las ramas artesanales comestibles y las efímeras: gastronomía, panificación, dulcería y bebidas tradicionales.

XVII
Juegos indígenas

El *uarhukua cha'anakua*

Entre los indígenas purépecha del estado de Michoacán existe un juego que data de muchos siglos atrás, desde aquellos tiempos cuando aún no habían llegado los españoles conquistadores a nuestras tierras indias: se trata del *uarhukua cha'anakua*, juego que simboliza el paso del Sol por la esfera celeste, y el aspecto dialéctico del día y la noche, la vida y la muerte, el bien y el mal. Este juego es una de varias modalidades de los juegos de pelota que se jugaban en tiempos precolombinos, pero en el cual no se cruzaban apuestas.

Para jugarlo se requieren dos equipos con cinco *chanaris*, o jugadores, cada uno, quienes, con un bastón hecho de madera, intentan lanzar una pelota por los aires o por la tierra a fin de meterla en la meta contraria, a despecho de sus adversarios quienes tratan de impedirles la jugada. La línea de saque queda al centro del terreno. Ubicados los jugadores en el campo, los capitanes del equipo se paran en la línea divisoria, dan tres golpes con la parte baja del bastón sobre la línea lateral y sobre la pelota, con ello se indica que el juego da comienzo. Los golpes a la pelota deben darse siempre por el lado derecho, pero puede maniobrarse por ambos lados. Los equipos cuentan con dos capitanes y un juez, quien inspecciona los tiempos y los tantos (*jatsíraku*, en singular) de los jugadores para determinar quién es el equipo ganador. Sólo los primeros pueden dirigirse al juez en caso de alguna anomalía o cambio de jugador. El bastón no debe levantarse por encima de la cintura; no debe batearse, patearse o pisarse la pelota; está prohibido detener la pelota con el cuerpo u obstruirla de manera intencional, y mucho menos se permite hacer caer a un jugador contrincante, entre otras prohibiciones más. Cada equipo lleva mantas que los identifican y que son hechas por las mismas familias de los jugadores.

La pelota o *zapandukua,* puede ser de madera, piedra o trapo, que es la más usual en el estado. Los mismos indígenas son los que elaboran su pelota con un núcleo de hule espuma al cual forran con tiras de algodón y amarran fuerte con mecates (salvo en el caso de la pelota encendida, que se hace con madera de colorín, la cual se deja remojar durante dos días en petróleo o gasolina). El diámetro de la pelota varía entre los doce y los catorce centímetros, con un peso de alrededor de 250 gramos para los niños, y de entre 350 y 500 gramos para los mayores. El bastón, que es similar al usado en el *hockey*, se talla en madera de tejocote, encino, cerezo o palo blanco. Ambos implementos simbolizan la relación que el hombre tiene con la naturaleza. Cuando emplea el bastón, el jugador hace suya la fuerza del árbol del que éste fue tallado.

En una ofrenda del Opeño, en el municipio de Jacona, los arqueólogos encontraron algunas figurillas que datan del año 1500 a.C. Representan cinco jugadores con un mazo y tres mujeres que se consideran espectadoras del juego.

Según nos cuenta la tradición oral, hace ya bastante tiempo los partidos se jugaban entre comunidades y las reglas se acordaban antes de dar inicio al combate: no había un número limitado de jugadores, la pelota se situaba entre los dos pueblos y ganaba aquel equipo que llevaba primero la pelota a su comunidad. La bola era empujada por una rama de árbol, lo más semejante a un bastón; de ahí su nombre: *uarhukua*.

A veces a la pelota del juego se le prende fuego, justo como un sol encendido que cruzara el cielo o como un cometa que vuela por los aires nocturnos. Los jugadores no se queman con la pelota a pesar de no ir protegidos: tan solo llevan pantalón de manta, un paliacate amarrado a la cabeza, camisa y huaraches. Este juego de la pelota encendida se efectúa desde las celebraciones del Día de Muertos hasta el Año Nuevo indígena: el primero de febrero; por tanto, es un juego ritual que se celebra por la noche para lograr un luminoso efecto.

Las dos modalidades del juego, con pelota encendida y sin encender, se juegan en espacios abiertos, a menudo en canchas de seis u ocho metros de ancho y de 1.60 a dos metros de largo. También se utilizan las calles o la plaza principal de los pueblos. Aunque s términos estrictos, se haría necesaria una cancha de 200 metros de largo por ocho de ancho.

Aparte de la función lúdica, el juego tiene otras funciones que fomentan la sociabilidad de la comunidad, la identidad y la cohesión del grupo purépecha, pues cuando se juega, participa todo el pueblo que asiste al partido y disfruta la música que ejecutan las bandas tradicionales.

Tájimol la kájbantik yomixim o el juego de la caña de maíz

En la región de los Altos de Chiapas, municipio de Zinacantan, vive el pueblo tzotzil. Uno de sus juegos favoritos es el juego de la caña de maíz, en el cual participan hombres y mujeres desde los ocho años de edad. No conocemos con exactitud cuál fue su origen; sólo sabemos que los indígenas lo practicaban en el siglo XVI, a fin de que fray Bartolomé de las Casas se divirtiera al verlos jugar. Sin embargo, el juego parece ser mucho más antiguo y remontarse a la época anterior a la llegada de los tristemente famosos conquistadores.

Se trata también de un juego de pelota la cual se golpea con la finalidad de introducirla en un marco hecho de caña de maíz, de donde proviene su nombre. El saque de inicio lo efectúa el jugador que dice el mejor verso, mientras unos músicos tocan sus violines hechos de caña para dar ánimos a los jugadores participantes. Si al sacar la pelota, ésta queda en el suelo, debe levantarse con la boca. En el juego participan dos equipos integrados por tres jugadores cada uno: un defensa y dos delanteros, quienes portan el traje tradicional de Zinacantan. El jugador defensa se protege los brazos y las espinillas con cañas, y los delanteros sólo los antebrazos. Hay también un *mol*, un juez, señor de respeto vestido con un chal negro, encargado de llevar la puntuación obtenida por los dos equipos, por medio de una mazorca a la cual le quita uno o dos granos, o dos o cinco si llega a golpearse la caña del cuadro. Para meter la pelota en el marco de caña se utilizan los antebrazos, el puño y el dorso de la mano, y nunca deben emplearse las palmas o las piernas.

El juego se realiza en una cancha de tierra aplanada que mide quince metros por cada lado. En cada uno de los dos extremos de la cancha se coloca el cuadro de caña, el cual se sostiene por una caña de dos metros de largo, enterrada en la parte posterior, la cual sirve como soporte al cuadro. La pelota, cuya medida es de ocho o diez centímetros, está hecha de olotes forrados con hojas secas de maíz; luego se agrega una capa de tela y otra vez se le pone maíz, para, por último amarrarla con hilos fabricados de la misma hoja de *totomoxtle*.

Este juego se lleva a cabo, cuando ya pasó la temporada de lluvias y las cosechas ya se dieron. Aparte de su función lúdica cumple otra más importante: se trata de un rito de agradecimiento a los dioses por la cosecha obtenida.

Temalacachtli o juego de la piedra redonda

En el Distrito Federal, justo en la delegación Milpa Alta, habitan algunos descendientes de los antiguos mexicas, quienes han conservado su lengua náhuatl a través del paso del tiempo y han desafiado los avances de la globalización. En este lugar, de reminiscencias un tanto provincianas, los niños y los jóvenes indígenas y mestizos acostumbran a jugar un juego al que llaman *temalacachtli*. Los participantes pueden ser desde dos hasta diez. Cada uno de ellos lleva una imprescindible teja (piedra plana).

En el suelo se dibuja un rectángulo de trece metros de largo por tres de ancho y en la parte de entrada se traza un cuadrado de cuatro por tres metros. Dicho cuadrado se divide diagonalmente en cuatro partes que se numeran empezando por el 1, a la izquierda el 2, a la derecha el 3, y el 4 viene a quedar sobre el 1. El resto del rectángulo se divide en ocho casillas que se numeran del 5 al 11; la octava casilla se divide a la mitad y se le agregan los números 13 y 12 (éste en la casilla derecha). Arreglada ya la pista, un jugador, desde una línea marcada al frente de la casilla, como a uno o dos metros de distancia, arroja su teja al primer espacio, salta en un pie en él y debe avanzar la teja por cada espacio u "oreja" del rectángulo hasta volver al número uno y salir. Pero si el jugador pasa la teja sobre una línea de las "orejas" se "quema" y sale del juego, hasta que un compañero termine el recorrido y el perdedor pueda volver a entrar y empezar su juego en la casilla donde se había quedado. Cuando un participante llega a las casillas 12 y 13, puede colocar un pie en cada una para descansar. Cuando se sale del recorrido de todas las "orejas", el jugador debe dar trece vueltas sobre sí mismo y, con la teja colocada en su empeine, la lanzará lo más lejos posible y correrá de espaldas. El jugador que haya recorrido menos casillas recoge la teja lanzada por el ganador y se pone en persecución de éste. Cuando lo atrapa, lo carga en la espalda hasta el *temalacachtli*, como un tributo bien merecido.

Se trata de un juego simbólico, pues los tres primeros metros del rectángulo trazado en la tierra representan los tres planos de la vida del hombre: el físico, el mental y el espiritual. Los doce metros cuadrados que mide el terreno representan los signos zodiacales y los meses del año; y las cuatro partes del cuadrado inicial simbolizan los puntos cardinales y las cuatro estaciones del año. De los cuatro triángulos del cuadrado inicial, el número 1 y el número 4 representan la energía de nuestra Madre Tierra hacia la bóveda celeste y hacia abajo: es el punto central. Los triángulos 2 y 3 simbolizan la dualidad: hombre y mujer; vida y muerte; luz y oscuridad; felicidad y tristeza. En una de las esquinas de la base del cuadrado se forma un cuarto de círculo que simboliza la salida del padre Sol, Tonatiuh; en la esquina opuesta se encuentra la salida de la Luna, Meztli. Asimismo, los trece metros de la cancha representan las trece principales articulaciones que tiene el cuerpo humano. Dicha simbología nos sugiere que el juego tiene un indiscutible origen prehispánico, con cierta influencia actual occidental, como son los signos del zodiaco.

K'uilichi chanakua o los palillos que suenan

Este juego tradicional de los purépecha del estado de Michoacán tiene origen prehispánico. En el Códice Borgia se encuentra dibujado un tablero del tal juego. Ha resistido al tiempo ya que los ancianos se lo enseñan a los niños, a fin de que la costumbre no se pierda.

Dicho juego se forma con dos equipos integrados por uno o más miembros. Por supuesto, es mejor que sean más los participantes ya que así el juego es de mayor emoción. Para comenzar, cada jugador tiene cuatro fichas que pueden ser semillas, hojitas, piedritas o palitos. Se requiere un tablero que puede pintarse sobre una piedra plana, una madera, cartón o piel, y cuatro palillos de caña o bambú de doce centímetros, los cuales se parten a la mitad; cada uno tiene un valor determinado. El tablero es un gran cuadrado que lleva al centro otro cuadrado más pequeño que continúa las líneas de sus ángulos inferior derecho y superior izquierdo, mismos que se encierran en un pequeño círculo. En cada uno de los ángulos del cuadrado mayor hay un cuadrado pequeño. En todas las líneas trazadas en el tablero hay cinco puntos negros. Los palillos son como los dados. Cada jugador hace dos tiros y avanza por el tablero según la puntuación que le indique el valor de los palillos. En la salida del tablero hay dos puntos donde se cruzan los jugadores: si quedan en esos lugares su ficha se "quema" y hay que volver a empezar. Después, se entra ya al área grande del tablero y se avanza sorteando los obstáculos que son las posiciones de las fichas enemigas, a las cuales se trata de evitar o de hacer que se "quemen". Si se cae en una casilla ocupada (los puntos negros) tiene que volverse a empezar el juego. Cuando los que juegan son dos, gana aquel que logra sacar sus cuatro fichas, tras hacer todo el recorrido del tablero y "quemar" a su compañero. Pero si los que jugaron fueron dos equipos, gana el equipo del primero que sacó todas sus fichas del tablero o "quemó" al contrincante. Jugadores de un mismo equipo no se "queman" entre sí. La tirada más alta con los *kúilichi* es de 35, puntaje que puede dividirse en quince y veinte si se mueven dos fichas.

Se trata de un juego de apuestas de dinero, de objetos o de cualquier cosa que se quiera apostar, si se atreve.

El *patolli*

El *patolli* era un juego muy apreciado por los mexicas, en el cual se apostaba tanto dinero como el patrimonio, lo que llegó a ocasionar la ruina de varios jugadores aficionados. Es uno de los juegos más antiguos. Aparte de los mexicas lo jugaron los teotihuacanos y los mayas. Tenía un sentido religioso. Las casillas en que se divide el tablero donde se juega son 52, lo mismo que duraba el siglo azteca. El dios del *patolli* fue Macuilxóchitl, según consta en el Códice Magliabechiano. Antes de dar inicio al juego, los participantes lo invocaban y le ofrecían incienso y comida.

Se jugaba sobre un tablero de paja en forma de cruz diagonal con casillas de color rojo y azul, con piedras blancas y negras; como dados servían frijoles con puntos blancos en una cara. Tenía cuatro divisiones centrales. Cada jugador tenía las piedras de un color, más unas pequeñas cañas partidas a la mitad y socavadas. El jugador pegaba en el suelo para que las cañas brincaran y, al caer, la parte hueca debía quedar hacia arriba. Entonces avanzaba su piedra por el tablero en relación con las cañas que hubiesen quedado en la posición señalada. El objetivo del juego era llevar todas las fichas al final, que era la casilla anterior a la central, por donde se había empezado, y una vez que se había dado toda la vuelta al tablero. En las ocho casillas que se encontraban en el centro de la cruz podían comerse las fichas del adversario. Cada ficha comida era un punto ganado. Se pagaba cuando era imposible llevar a cabo una jugada. Este juego podía jugarse entre dos o más personas.

XVIII
Tres diosas lunares: Xaratanga, Ixchel y Coyolxauhqui

S abemos que la Luna es el satélite natural de la Tierra; la distancia media de centro a centro es de 384 400 km. Su diámetro alcanza los 3 476 km, su superficie es de 37 700 000 km^2 y su volumen es de 21 860 000 km^3. Se originó a partir de la colisión que sufrió la Tierra con un protoplaneta del tamaño de Marte, en los primeros tiempos del sistema solar. Así pues, la Luna fue un trozo de la Tierra formado por acreción.

Este místico satélite ha sido objeto de inspiración en la literatura y de adoración en todas las culturas que en el mundo han sido. Así pues, la Luna ha representado, en la mitología de los pueblos, lo femenino de la naturaleza por excelencia. Debido a que atraviesa diferentes fases y cambia de forma, es símbolo de transformación y de crecimiento; ha sido la diosa madre del cielo, así como el lado oscuro e invisible de la naturaleza. Es la reguladora de las mareas, las aguas, las lluvias, las inundaciones, las estaciones, la vegetación y la fertilidad. En los planos cósmicos, deviene la mediadora entre el cielo y la Tierra. Su metal representativo es la plata, por su brillo majestuoso. Su símbolo gráfico ha

167

sido, en muchas culturas, la media luna. Y como se dice que las diosas lunares controlan y tejen el destino de los seres humanos, se la ha simbolizado como una araña.

Su simbolismo se correlaciona con el Sol, ya que la Luna no tiene luz propia y es meramente un reflejo de éste. Asimismo, simboliza los ritmos biológicos, el nacimiento y la muerte. Es el tiempo que pasa, del cual es la medidora por tener fases sucesivas y regulares. Por eso tiene su propio calendario, donde se indican sus fases. Por lo general, la Luna llena indica el inicio del mes, que pueden ser de 29 o 30 días. Durante tres noches del mes, la Luna desaparece y luego reaparece de entre los muertos; por eso es el símbolo del pasaje de la muerte a la vida y de la vida a la muerte.

El Sol ilumina siempre la mitad de la Luna, que no necesariamente coincide con su cara visible debido al efecto llamado *gradiente gravitatorio*, que se produce porque el satélite tarda lo mismo en dar la vuelta sobre sí mismo que alrededor de la Tierra. Por tal circunstancia ocurre su periodo mensual, mismo que comprende las fases de la Luna: la luna nueva o novilunio; una semana después, la Luna da un cuarto de vuelta y presenta sólo media cara iluminada, a la cual conocemos como cuarto creciente; al pasar otra semana, se alinea con el Sol y la Tierra y entonces tenemos la Luna llena o plenilunio; otra semana más tarde, aparece el cuarto menguante. Como podemos ver, las fases duran siete días cada una; número que, multiplicado por las trece veces en que la Luna termina su periodo anual, nos da un resultado de 364 días, que conforman el calendario lunar.

Algunos animales han sido símbolos de la Luna en diferentes tradiciones orales populares: el sapo, la rana, la liebre y el conejo. Si nos ponemos a mirar a Selene, su nombre griego, distinguiremos con facilidad un conejo, tal como les acontecía a los mexicas desde que Quetzalcóatl aventara a la Luna a un amable conejito que le ofreciera de comer para que nunca lo olvidaran los humanos cuando dirigieran sus ojos a Miztli. Los chinos, en cambio, ven una liebre, portadora de presagios buenos o malos, y como un animal psicopompo, mediador entre los dioses y los hombres. Isis, la reina del cielo egipcia, se representaba con una media luna.

En muchas religiones, la Luna ha compartido las desdichas y las alegrías de los hombres (polinesios, melanesios, amazónicos). Se le han otorgado poderes energéticos por sus periodos conjugados o antagónicos (teoría solunar). También se le ha dado un origen fantasioso, como es el caso de la mitología guaraní, según la cual el dios Abaangui, enojado porque tenía una nariz enorme como Cyrano, se la cortó y la lanzó al cielo, donde su gran apéndice se convirtió en la Luna.

En fin, ejemplos mitológicos no faltan. Pero veamos ahora la historia de tres diosas lunares que fueron adoradas en Mesoamérica y alcanzaron gran fama, renombre y adeptos. Ellas son Xaratanga, Ixchel y Coyolxauhqui.

Xaratanga

Entre los purépechas antiguos, asentados hacia el occidente de México, existía una diosa llamada Xaratanga, Xaracua o Xaratangua en lengua purépecha: la que brilla o alumbra. Era la diosa de la Luna, adorada en su centro religioso más importante que fue Jarácuaro, que significa "el lugar donde está la luna" o, para otros investigadores, "lugar donde se adora a la diosa Xaracua". En esta población se dice que un cacique sacrificó ochocientos cautivos españoles para obtener el favor bélico de la diosa durante una de tantas batallas contra los invasores. También se la adoraba en las islas de Uapeni y Pauacume y en Peribán, donde se encuentran muchos templos dedicados a ella.

En cuanto a la etimología del nombre de la diosa, Cristina Monzón nos dice que la forma *xaratangua*, en su raíz *xara* significa "sensualidad" o "mostrar sensualidad", más el morfema causativo *-ta* que significaría "tenga placer, gozo o contento", más el morfema sustantivizador *-qua*.

Xaratanga fue la deidad de la vida y la muerte —su doble papel dialéctico, por lo cual se solía representarla con dos corazones— , la madre creadora y terrenal, a cuyo vientre acudían los seres humanos al morir. Representó mucho tiempo a las diosas matriarcales, pero luego fue destronada y se introdujo el culto masculino entre los dioses del panteón tarasco, gracias a los mexicas y su ejemplo con su diosa lunar Coyolxauhqui.

Gracias a ella, las plantas germinaban y nacían los animales y los hombres. Xaratanga vivía hacia el Oriente, junto a las fuentes termales de Araró, de donde formaba nubes que se iban hacia el cielo para luego poder regar la tierra con sus aguas emanadas de sus hinchados vientres. En los cultos dedicados a ella se ejecutaba la Danza de los Huehues y se le ofrecían frutos, codornices, patos y gran cantidad de plata, de la cual era símbolo pues se pensaba que este bello metal era una secreción lunar de Xaratanga. Se la asociaba con el jaguar. Como otras diosas lunares mesoamericanas, se la asociaba con el amor, el sexo y el pulque. Además, fue la diosa de la gestación y del tejido, pues gracias a ella las mujeres purépecha aprendieron a tejer. Esta bella diosa que murió al dar a luz llevaba un bello vestido blanco resplandeciente, la cara pintada de amarillo y los cabellos entrelazados con guirnaldas de pescados, chile, frijoles y maíz. Fue tan importante nuestra diosa que tenía el honor de presidir el religioso juego de pelota.

En la población de Ihuatzio, lugar de coyotes, localizada a diez kilómetros de Pátzcuaro (Michoacán), existe una zona arqueológica muy importante, de cerca de cincuenta hectáreas, que fue utilizada como centro ceremonial y observatorio astrológico por sus primeros pobladores. Allí se encuentra una pirámide dedicada a Xaratanga, fechada entre 1200 a 1530 d.C.

Ixchel

En la Península de Yucatán floreció una de las más exquisitas culturas mesoamericanas: la cultura maya. Como todos los pueblos del mundo, los mayas crearon una mitología plena de dioses y diosas que representaban elementos de la naturaleza y conceptos abstractos. De entre este enorme panteón maya destaca una diosa llamada Ixchel, "la blanca", o también diosa "I", esposa de uno de los dioses más importantes de la mitología: Itzama, dios todopoderoso creador del mundo. Estos magníficos dioses tuvieron varios hijos: Yum Kaax, dios del maíz; Ek Chuah y los dioses de los sacrificios y de las estrellas. Además, tuvieron hijas que fueron las diosas del paraíso, las aguas y la noche. Ixchel fue la diosa de la Luna. Se presenta como una diosa vieja, fea y mala que disfruta al vaciar odres de cólera y maldad sobre el mundo, si creemos lo que nos dice el Códice Dresde. Y así como podía dar vida a los seres y a la naturaleza, regía el nacimiento de los niños y tenía la capacidad de curar. Enviaba a la tierra las inundaciones y las tormentas que causaban graves daños en el mundo intermedio: la Tierra. En esta advocación se la representa rodeada de símbolos de la muerte y la destrucción, con una serpiente enrollada al cuello y a la cabeza y adornos de osamentas humanas; sus pies estaban formados por garras amenazadoras. Asimismo, suele aparecer tejiendo el telar de cintura, del cual sería la inventora, y se cree que tejía cuando atrajo la atención de su marido, el Sol. Como era la suprema tejedora, Ixchel está asociada con la araña, cuya tela simboliza su placenta ya que la araña crea el hilo de la vida a la manera de un cordón umbilical.

A Ixchel se la adoraba en un templo que se localizaba en Dcuzamil, de la provincia de Ecab, al cual los peregrinos salían en canoas para pedirle los acertados oráculos que le dieron fama. No faltaban las peregrinas quienes pedían a la diosa que les permitiera tener muchos hijos, tantos como sus maridos quisieran. Agradecida, la diosa tomaba bajo su protección a los fieles que la visitaban en su templo y le llevaban obsequios de flores y comida. Otro de sus adoratorios se encontraba en la punta sur de Isla Mujeres, en un elevado acantilado desde donde podía verse un hermoso arco iris, fenómeno natural del cual Ixchel fue también diosa. Cuando alguna mujer daba a luz, las hechiceras acudían a la casa de la parturienta y depositaban una estatuilla de la diosa debajo de la cama de la recién parida. La leyenda nos dice que de ahí viene el nombre de la isla, ya que los españoles, al llegar a ésta y ver gran cantidad de estatuas pequeñas de la diosa, la llamaron Isla Mujeres. Asimismo, en su advocación de diosa de los partos, se la llamó Sinal, cuyo significado alude a dicha función.

Algunos historiadores afirman que el origen de Ixchel se encuentra en la religión de los putunes, ya que se ha encontrado un gran templo dedicado a la diosa en Cozumel, sitio que fuera ocupado durante mucho tiempo por este grupo indígena y cuya capital fue Tixchel, "el lugar de Ixchel".

La diosa Luna vivía en el *ahua*, o cielo de los mayas que se encontraba en el cosmos, formado por nueve niveles y sostenido por cuatro dioses: los *bacabs*. Tales niveles, orientados en cuatro direcciones, se representaban por colores: al rojo correspondía el Este; al amarillo el Sur; el Oeste era negro, y el blanco simbolizaba el Norte. Al centro se erigía la gran ceiba sagrada.

Coyolxauhqui: la de los cascabeles en las mejillas

Diosa lunar de la mitología azteca. Hija de la diosa de la Tierra, Coatlicue, la de la falda de serpientes (preñada cuando nació la Luna por una
navaja de obsidiana), y hermana del dios Sol, Huitzilopochtli, y de los
Centzon Huiznahua, los cuatrocientos del sur. Esta hermosa diosa ins-
tigó a sus hermanos a que diesen muerte a su madre por considerarla
deshonrada. En efecto, Coatlicue se había embarazado cuando un plumón de colibrí cayóle en el seno mientras se encontraba barriendo su
templo, situado en el poblado de Coatepec. Indignada y celosa, la Luna
quiso matar a su madre; pero aun antes de nacer el que fuera su hermano, éste se dio cuenta del peligro que corrían su madre y él mismo.
Así pues, se apresuró a nacer y vino al mundo vestido y con armas, per-
trechado por completo. Se le llamó hijo de colibrí o colibrí hechizado.
Entonces, armado con una serpiente de fuego, la xiuhcóatl, decapitó a
Coyolxauhqui. Su cabeza quedó en la ladera de la montaña donde tuvo
lugar el suceso y su cuerpo fue fragmentándose mientras rodaba hacia
la sima. Es la muerte mensual de la Luna a manos del victorioso Sol y
el renacimiento de la diosa en cada fase lunar. A los Centzon, el Sol los
persiguió hasta que los destruyó.

Su representación pétrea la muestra con gotas de sangre que escu-
rren de sus miembros heridos, mismos que permiten ver sus coyunturas
óseas. La Luna usaba una serpiente de dos cabezas amarrada en la cintura, la cual remataba en un cráneo en su espalda. Sus brazos y muslos
ostentaban el mismo adorno. Sus talones se adornaban con máscaras
de un animal con colmillos. Solía la Luna tocarse con un gran penacho de
plumas y círculos que acomodaba en sus negros cabellos. Sus orejeras
formaban figuras geométricas y su rostro se engalanaba con cascabeles
en sus mejillas.

Otra versión legendaria afirma que la Coyolxauhqui representaba a un grupo de mexicas que se encontraba en desacuerdo político con otro grupo. Los dos bandos pelearon por conseguir el poder y ganó el contrario al de la diosa lunar. Su derrota quedó plasmada en la escultura simbólica que de ellos hizo el bando contrario, donde la presentó desmembrada por entero. Los guerreros que lograron huir fueron convertidos en estrellas por los dioses.

Para otros estudiosos de la diosa Luna, ésta representaba el poder femenino que reinaba en los tiempos matriarcales de la sociedad mexica. Al terminarse ésta a manos de los hombres, quienes tomaron el poder para ya nunca soltarlo, la fuerza femenina quedó desarticulada y, ante este hecho, la Coyolxauhqui, a nivel simbólico, se desmembró, tal y como aparece en el disco encontrado en el Templo Mayor de los mexicas, en el centro de la ciudad de México.

Para la doctora Carmen Aguilera, esta extraordinaria diosa es más que una deidad lunar: es nada menos que la Vía Láctea de los mexicas. Nos cuenta que los símbolos que se encuentra en su escultura circular nos presentan unos senos pletóricos de leche y pliegues en el vientre que hacen suponer una mujer recién parida. Es la madre de las estrellas, ya que en su cabeza presenta el nombre de *citlali*, que significa justo eso. Y agrega la investigadora que en el disco de la escultura aparecen los ojos de la noche, que no son otra cosa sino las estrellas.

XIX
Ocumicho: un pueblo mágico

De cómo es el pueblo de Ocumicho

El pueblo purépecha de San Pedro Ocumicho se encuentra a 150 kilómetros de Morelia, hacia el noroeste de la ciudad, en la conocida Me-
seta Tarasca, a sólo 24 kilómetros de Charapan, con el cual limita hacia
el sur. Hacia el norte topa con Tangancícuaro, al oeste con Patamba
y al este con Huecazo. Lo rodean tres cerros: el de San Ignacio, el de el
Huacal y el de la Silla. Su clima es templado, con lluvias de junio a septiembre que se terminan en octubre. Cuenta con alrededor de cuatro
mil habitantes de la etnia purépecha, que viven a 2110 metros sobre
el nivel del mar. La mayoría de las personas trabajan en la agricultura,
la cual practican con técnicas tradicionales para sembrar, barbechar y
abonar. Las tierras son de temporal y en éstas se siembra maíz, frijol,
trigo, garbanzo y janamargo (*Vicia Sativa L.*) El campesino vende una
parte de la cosecha para poder obtener un poco de dinero y cubrir, con
suma modestia, las necesidades familiares. La otra parte se utiliza para
el autoconsumo. Aparte de la agricultura, algunos habitantes de Ocumicho viven del comercio y las artesanías: cerámica, máscaras de madera y bordado de blusas, básicamente.

Los habitantes de Ocumicho enfrentan un grave problema agrario desde hace ya más de cinco siglos, pues en términos históricos han sido, poco a poco, despojados de sus tierras comunales, a las cuales siempre han tenido derecho. Dicho despojo se inició ya en la época de la Conquista y ha subsistido hasta nuestros días; este conflicto ha sido la causa de muchas muertes y de años de lucha organizada contra los poderes hegemónicos involucrados. En la actualidad, los campesinos sostienen una lucha de cerca de 85 años de duración por la reposición de los terrenos que fueran otorgados, por mandato presidencial, a los mestizos del Tanguancícuaro y que comprenden 477 hectáreas, entregadas de forma arbitraria a un grupo de cuarenta ejidatarios del mencionado pueblo vecino, de los cuales sólo quedan once, pues los demás han vendido sus terrenos y sus derechos o han alquilado las tierras. Este problema sigue en pie, sin que ningún gobierno haya sido capaz de resolver el conflicto agrario, cuya única forma de ponerle fin es respetar los derechos campesinos y la autonomía de los pueblos indígenas.

En cuanto a la organización social y política, en Ocumicho existen dos autoridades que son los representantes —un propietario y un suplente— de los bienes comunales: uno del Barrio de Arriba y otro del Barrio de Abajo. También cuentan con un juez, un secretario de vocales, más cierto número de policías que se dividen para cuidar los dos barrios de Ocumicho. Los cargos religiosos son muy importantes para la comunidad, pues sus representantes son los encargados del patrocinio y la organización de las variadas fiestas tradicionales que celebran a los santos católicos. De dichas fiestas, la más importante es la patronal dedicada a san Pedro, que se celebra el 29 de junio con procesiones y danza de moros. Además se celebran otras fiestas, como el Día de los Fieles Difuntos, la Semana Santa, el Día de la Candelaria, el día de la Natividad y muchas otras más.

Según nos cuenta la tradición oral, San Pedro Ocumicho se fundó en el lugar donde crecía un árbol denominado condemba, (*Sambues mexicana*). Junto a dicho árbol se erigió una iglesia y a su alrededor los cuatro barrios con que contaba el pueblo en un inicio: San Miguel, al suroeste; San Esteban, al noroeste; San Pablo, al sureste, y San Pedro, al noreste. Hoy se habla sólo de dos barrios: San Pablo (el barrio de arriba) y San Pedro (el barrio de abajo). En la famosa *Relación de Michoacán*, escrita por fray Jerónimo de Alcalá, franciscano del siglo XVI —en la cual se describen las costumbres de los antiguos habitantes de Michoacán; fue elaborada en 1540 a petición del virrey de Mendoza—, se hace ya referencia de este pueblo y constituye una de las primeras relaciones de tal siglo.

La etimología de la palabra *ocumicho* no es muy clara. Para algunos estudiosos significa "lugar de curtidores", debido a que hasta 1910 era la actividad preponderante de este pequeño pueblo; actividad que ya no se ejerce en la actualidad y que fuera suplida por la cerámica hacia 1920, practicada, sobre todo, por la mujeres de la comunidad. En cambio, en la *Relación de Xiquilpan* se decía que el nombre significaba "tierra de muchas tuzas", que en lengua purépecha se dice *kumu* o *ukhumu*.

De cómo surgió la cerámica fantástica

Parece ser que a un tal Marcelino Vicente Mulato corresponde la gloria de haber introducido y enseñado a las mujeres a elaborar el barro, quien creó las figurillas de diablos que hasta la fecha han hecho famoso a Ocumicho y que ahora son una especialidad femenina, cuya belleza y creatividad nadie puede refutar. Sin embargo, a ciencia cierta no se sabe cómo surgió la idea de elaborar diablos. Describir la producción imaginaria de estas mujeres artesanas es casi imposible, dada la variedad de temas que abarca. Las figurillas elaboradas de diversos tamaños y colores nos hablan de sirenas, diablos, cristos, vírgenes Marías, alacranes, cangrejos, *huares*, soles, lunas, escenas bíblicas, escenas de la vida cotidiana, nacimientos, últimas cenas y etcétera, etcétera; son tantas como fecunda es la imaginación de estas indígenas cuya cosmovisión mágica es inagotable, pues paradójicamente proviene de una realidad que se supera a sí misma y se vuelve alucinante. Los temas para crear estas figuras de barro atienden también al calendario de fiestas tradicionales. Por ejemplo, cuando llega la época de Navidad se elaboran ermitaños en su cueva, pastorelas y nacimientos; para carnaval se hacen escenas chuscas con negritos; los diablos, que adoptan el papel de los doce apóstoles, aparecen durante la Semana Santa; así como los Jesuses en las cruces. El día de la fiesta patronal, el 29 de junio como hemos mencionado, se labran moros a caballos y personajes de la Danza de Moros y Cristianos; el Día de Muertos hay difuntos de barro y tumbas coloridas.

En un principio, Marcelino Vicente Mulato y su pariente Emilio Felipe Mulato, quien fuera su aprendiz en este arte, llevaban a vender las figurillas que hacían a Paracho y Zacán. Más adelante, el mercado se extendió hasta Pátzcuaro, donde se vendían muy bien entre los turistas. Pero Emilio y Marcelino murieron y sólo quedó el señor Martínez —quien les había ayudado con el mercado de Pátzcuaro porque hablaba bien el español— para continuar con la cerámica diabólica. Poco a poco, la tradición se extendió por el pueblo hasta llegar a ser lo que es ahora, insistimos, un arte meramente femenino, aun cuando es innegable que existen algunos artesanos alfareros. Sin embargo, las mujeres constituyen el eje de esta artesanía, quienes son ayudadas en el proceso de elaboración por los esposos y los hijos; por ejemplo, los hombres son quienes traen el barro, pintan las figuras y las venden,aunque no siempre. El aprendizaje pasa por vía materna. Las niñas comienzan desde muy temprana edad a manejar el barro para darle miles de formas.

Cómo se elabora una pieza de cerámica

El primer paso a seguir es obtener la materia prima, la cual se trata de un barro chicloso que se trae de un lugar al que llaman *Echerrhi p'itakuarrhu* o "lugar donde sacan la tierra". De estas minas o pozas, el barro es extraído con picos y palas. Ayudada por su marido, la artesana lo coloca en costales, bolsas de plástico o ayates, que se transportan hasta el pueblo —distante cerca de dos kilómetros— a lomo de burro o en carros. Una vez en la casa, espera la artesana al día siguiente para sacar la arcilla a secar al patio sobre unos costales, lo que evita que se contamine y ensucie con la tierra del suelo. Después de cuatro o cinco días, la tierra está seca y lista para ser molida en metates o en un molino, a fin de desbaratar los terrones; luego, la tierra se pasa por un tamiz para quitarle las impurezas que pueda tener. Ya molida, se mezcla con agua y se forman pequeñas bolas de barro que se guardan en costales o en bolsas de plástico para que no se seque, pues si esto sucede, el barro ya no sirve para modelarlo. Con estas bolas de barro las mujeres artesanas darán forma a su fecunda imaginación. Acabada una pieza, suele bruñirse con una piedra chica para quitarle las imperfecciones que pudiera tener, se la deja secar a la sombra durante uno o dos días, según el tamaño que tenga, y vuelve a dejarse al sol para que termine de secarse bien. El siguiente paso es meterla al horno de leña, hecho de piedra y tierra por las mismas artesanas, para dar inicio a su cochura. Algunas veces, los hornos son circulares y abiertos por arriba. Una vez que las piezas se cocieron, se sacan del horno y comienza el proceso de decoración: en la antigüedad se pintaban con anilina de diferentes colores, según la creatividad de cada autora, y se barnizaban con agua-cola o clara de huevo a fin de obtener un buen brillo; no obstante, en la actualidad se utilizan esmaltes industriales, por ser más baratos. Hay piezas que son modeladas y otras que son moldeadas. Cuando son hechas en molde, se prepara una tortilla de barro que se coloca sobre dicho molde y se aplana para emparejarla, se quitan los sobrantes de la arcilla con un hilo, casi siempre de nailon, se deja orear, se quitan los moldes y se pulen las junturas; después siguen el mismo proceso que las piezas modeladas.

Para vender las figuras se aprovechan las fiestas tradicionales de pueblos y ciudades aledañas, como las de Cherán, Ahuirán, Corupo y Zacán; y, obviamente, la fiesta de Día de Muertos. Son también lugares de venta Pátzcuaro, Morelia, Uruapan, México y Guadalajara, así como las ferias y los eventos organizados por ciertas dependencias gubernamentales o paraestatales que se dedican al fomento de las artesanías.

Una experiencia un tanto cuanto forzada

En 1989, a fin de conmemorar los 200 años de la Revolución Francesa, a las artesanas de Ocumicho se les encargó que elaboraran una serie de figuras con base en tal tema. Las figuras fueron extraordinarias y fueron exhibidas en París, en la Casa de México. Tres años después la experiencia se repitió, pero esta vez el tema fue el V Centenario de la llegada de los españoles a América. Para documentar a las artistas populares se les mostraron grabados de la Revolución Francesa y de la Conquista de México, así como murales de nuestros famosos pintores y códices pre y poshispánicos. La estupenda producción se envió a Francia y a España y treinta de las piezas se exhibieron en el Museo Etnológico de Barcelona. De estos acontecimientos nos dice Eli Bartra:

Estas figuras... son una clara expresión de sincretismo cultural. Las artistas de Ocumicho vieron los "modelos" que les mostraron y luego ellas "tradujeron esa información a su lenguaje", al lenguaje con el que normalmente se expresan a través de sus piezas de barro... Una de las cuestiones curiosas de las figuras de barro de Ocumicho es la interpretación que hacen de la historia. La Revolución Francesa o la Conquista de México deben ser para ellas algo igual de abstracto y carente de significado. Se les mostraron unas cuantas reproducciones de pinturas y grabados europeos o mexicanos de otras épocas. Grabados europeos de los siglos XVI, XVII y XVIII, así como reproducciones de los Códices Florentino Yauhuitlan y Durán fueron "modelos" para reproducir en barro un evento histórico. Es decir, se pasó por un proceso de reinterpretación "múltiple". Las imágenes modelos ya son una interpretación subjetiva de otras interpretaciones de un hecho histórico que no se sabe bien a bien cómo fue. Por lo tanto es importante tomar en cuenta lo alejadas del hecho histórico que se encuentran las figuras de Ocumicho, ya que sobre la sucesión de interpretaciones que representan los "modelos" vino la de ellas...

Esta experiencia de resemantización (término empleado en antropología) inducida de la creación popular debió ser digna de un análisis semiótico riguroso, donde se tomaran en cuenta todas las variables posibles. Sin embargo, ésa es otra historia.

En el año 2009, las artesanas de Ocumicho ganaron el Premio Nacional de Ciencias y Artes, en el área de Artes y Tradiciones Populares. Veamos lo que nos dice un artículo de periódico de la agencia Notimex, fechado el 14 de diciembre:

Luego de recibir el Premio Nacional de Ciencias y Artes 2009, en el campo de las Artes y Tradiciones Populares, artesanas de la comunidad de Ocumicho, Michoacán, solicitaron el apoyo de los tres niveles de gobierno para la construcción de una Casa de las Artesanías en su localidad.

En conferencia de prensa, los creadores purépechas que esta mañana recibieron el citado galardón de manos del presidente de México, Felipe Calderón, aseguraron que tienen el firme interés de promover, difundir y comercializar sus productos.

Las artesanas Zenaida Rafael Julián, Rosa Cruz Rosas, Amalia Basilio Quiroz, María Luisa Basilio Elías y Tomasa González señalaron que el premio de 585 mil pesos les permitirá buscar la construcción de una obra de beneficio comunitario, por lo que solicitaron el apoyo de los tres niveles de gobierno.

Ésta será utilizada por los cerca de 70 artesanos de la referida comunidad como taller, para seguir elaborando sus productos.

"Será también como una tienda, porque en este momento cada una de nosotras hacemos la vendimia desde nuestras casas", dijo Zenaida Rafael Julián.

Asimismo, reveló que para tal proyecto ya cuentan con un pequeño terreno en su localidad. No obstante, demandaron el apoyo de las autoridades para la compra del material.

La referida artesana habló sobre la elaboración de los famosos Diablos de Ocumicho, hermosas figuras de barro, típicas de esa localidad.

Recordó que se trata de una tradición hecha en su mayoría por las mujeres para la celebración de la Virgen de la Candelaria, del 2 de febrero, una festividad muy importante para ese pueblo.

Con esta fiesta concluyen los festejos de Adviento (El nacimiento de Jesús), comenzando con ello la temporada de siembra, siendo de vital importancia la bendición de las semillas que se llevarán al campo.

Afirmaron que se trata de una expresión más del imaginario popular modelado en barro, una de las producciones artesanales más conocidas de su comunidad.

"Aquí cada diablo es único, cada figura tiene un estilo propio dado por los artesanos, que los crea con sus manos expertas, acostumbradas a manipular el barro sin utilizar moldes", coincidieron el resto de las artesanas.

De acuerdo con las creadores, se cuentan varias historias acerca del origen de esta tradicional manifestación artística.

Se dice que el diablo *"recorrió Ocumicho y molestaba a los habitantes del lugar, se escondía en los árboles, para luego matarlos. También solía apoderarse de los perros y no hacía más que agitarse y gritar, o bien perseguía a la gente, los enfermaba y estos enloquecían"*.

A alguien se le ocurrió que había que darle lugares donde pudiera vivir sin molestar a nadie y ésta es una de las causas por la que los pobladores comenzaron a hacer los diablos.

Otra historia hace referencia a un joven de nombre Marcelino, quien gustaba de hacer figuras de barro, lo cual, en su tiempo, era considerado una actividad propia de las mujeres.

Según dicen, fue él quien realizó las primeras figurillas después de que el diablo se le apareció en una barranca.

Sobre las piezas que elaboran, subrayaron que se trata de obras que a pesar de ser muy populares y conocidas, se venden poco.

Sin embargo, agradecieron al Fondo Nacional para las Artes porque les compran sus obras con las que día a día subsisten.

En su oportunidad, el presidente municipal de Charapan, Raúl Hernández Rodríguez, se comprometió a gestionar lo necesario con el gobierno del estado y las autoridades federales, para la construcción de la Casa de las Artesanías.

Afirmó que dicho galardón representa un realce distintivo al municipio, pero "en particular para la comunidad de Ocumicho, que le ha dado un realce importante".

"Por cada peso que ellos aporten, nosotros aportaremos otro y buscaremos que el gobierno del estado intervenga", indicó Hernández Rodríguez, al tiempo que señaló que la idea de dicha casa es vender al mayoreo y que se les pague un precio justo por sus obras.

Para finalizar digamos que las piezas de Ocumicho son un arte que nos habla de la cosmovisión de una parte de las mujeres indígenas de México. Arte sin precedentes, de una belleza no asequible a todo el mundo y que a mí me ha costado buenos debates con las mujeres mestizas de mi colonia que suelen visitar mi casa y asombrarse ante este arte tan *sui generis*, para el cual no quiero emplear parámetros comparativos occidentales: fantástico, surrealista, mágico, etcétera. Es, simplemente, una expresión del arte popular indígena que nos llena de orgullo. ¿O no?

XX
Los chaneques
en la tradición oral

Para Nektli Rojas, escritora y lingüista,
quien tiene un chaneque en casa.

La tradición oral o folclor comprende varios sistemas simbólicos de la literatura popular que forman parte de la cultura de todos los pueblos de la Tierra. Estos sistemas, por excelencia verbales, nos permiten comprender la cosmovisión de las clases subalternas, ya que mediante su análisis semiótico podemos conocer su pensamiento e ideología imperante en un cierto momento del *continuum* histórico. La tradición oral tiene lugar tanto en las ciudades como en el campo y sus manifestaciones son numerosas. En nuestro país, tan rico en tradiciones, los géneros literarios populares son muy variados. Dentro de éstos encontramos los relatos de espantos, las adivinanzas, los chistes, los albures, los trabalenguas, los cuentos, los mitos y las leyendas, por sólo mencionar algunos.

En nuestro artículo vamos a tratar de una leyenda que data de tiempos muy remotos, de aquellos tiempos cuando nuestras culturas indígenas aún no habían sido masacradas por las armas ideológicas y de metal de los ibéricos. Aclaremos que en un principio no se trataba de una leyenda sino de una parte muy importante de la cosmovisión espacial de los mexicas y que abarcaba los tres planos donde se desarrollaba su cultura: el cielo, la tierra y el inframundo.

En el vasto panteón mexica existía un dios del agua llamado Tláloc, muy venerado y reverenciado por ser el agua el líquido imprescindible para la continuación de la vida de los aztecas. Este buen dios, de ojeras y bigoteras en forma de dos serpientes entrelazadas, tenía como color preferido el azul, ya que es el color de las aguas; vivía en el Tlalocan, sitio paradisiaco de perpetuo clima agradable, donde se gozaba de una felicidad eterna y de placeres exquisitos. Tláloc tenía una esposa: Chalchiuhtlicue, la de la falda de jade, y algunos ayudantes que le eran imprescindibles. Entre ellos se contaban el *ahuízotl*, mamífero acuático que poseía en la cola una mano con la cual ahogaba a las personas que se acercaban al agua de charcos y lagos. Tenía el tal monstruo las manos y los pies de mono, las orejas puntiagudas y el pelo oscuro que, cuando no estaba en el agua, simulaba espinas dorsales; de ahí su nombre, que en lengua náhuatl significa "espinas de agua", de *a-atl,* agua, y *-huitztli,* espina. Con el fin de atraer a los personas hacia el agua, el Ahuízotl lloraba como un bebé y provocaba remolinos en las orillas de los lagos. Otro ayudante de Tláloc era el *ateponaztli*, ave acuática tan maligna y traicionera como su compañero ya que cumplía las mismas funciones que éste de ahogar a los incautos. Se le llamaba así debido a que con su pico pegaba en el agua y producía un sonido similar al tambor ceremonial llamado *teponaztli*. Pero de entre todos los ayudantes de Tláloc los más importantes eran los cuatro *tlaloques*, quienes vivían en el interior de los montes y cerros y eran representados por éstos. Estos diosecillos enanos y de forma humana castigaban a los impuros que se atrevían a lavarse en sus aguas o que acudían a los manantiales a las doce de la tarde. Según el Códice Chimalpopoca, los *tlaloques* ayudaron a Quetzalcóatl en la noble tarea de procurar alimentos a los seres humanos; se nos relata que:

> *Entonces bajaron los* tlaloques *(dioses de la lluvia),* tlaloques *azules (del Sur),* tlaloques *blancos (del Este), los* tlaloques *amarillos (del Oeste), los* tlaloques *rojos (del Norte). Nanáhuatl lanzó enseguida un rayo, entonces tuvo lugar el robo del maíz, nuestro sustento, por parte de los* tlaloques. *El maíz blanco, el obscuro (sic), el amarillo, el maíz rojo, los frijoles, la chía, los bledos, los bledos de pez, nuestro sustento, fueron robados para nosotros..*

Desde el interior de los cerros, los *tlaloques* enviaban a la tierra cuatro clases de agua. Para ello se valía de vasijas de barro, las cuales rompían para causar pavorosos truenos y lluvia en abundancia. Estos *tlaloques* principales a su vez eran ayudados por los *ahuaque* y los *ehecatotontin*, que eran las almas convertidas de aquellos que habían muerto por enfermedades o por accidentes relacionados con el agua.

En el llamado mes Atlcahualo se celebraba la fiesta dedicada a los *tlaloques*, a Chalchiuhtlicue y a Quetzalcóatl. A los *tlaloques* se les sacrificaban niños. Para ello, se engalanaba a los niños escogidos para tal fin. Se les llevaba en procesión, sobre andas adornadas con bellas plumas y con flores de mucha hermosura y maravillosa fragancia. Los dioses iban precedidos por músicos, por los mejores cantantes del templo y por danzantes dirigidos por su capitán de cuadrilla. Los niños elegidos eran lactantes que hubiesen nacido en días considerados faustos, porque tal hecho satisfacía más a los dioses y así provocarían muy abundantes lluvias, tan necesarias para las buenas cosechas y la supervivencia de la comunidad. Además, los niñitos debían tener un remolino en el pelo;

si eran dos, tanto mejor. El sacrificio tenía lugar en los cerros llamados Tepetzingo y Tepepulco, y en el remolino de la laguna Pantitlan, lo que explica el porqué de los remolinos capilares. La procesión se dirigía hacia los cerros; todos los fieles lloraban, pero no de tristeza sino como tributo, pues el llanto constituía un buen augurio para que lloviese lo suficiente.

La historia de los *tlaloques* no ha muerto: ha resistido los embates del tiempo, si bien es cierto que ha sufrido algunas modificaciones, como sucede a toda tradición oral que se precie. En la actualidad, los *tlaloques* devinieron *chaneques*, cuya apariencia varía según la región donde aparecen; no obstante, en todas, sea cual fuere la cultura, estos seres fantásticos están ligados al agua de manera muy estrecha. Veamos algunos ejemplos.

En la tradición oral de Veracruz a los chaneques se los cree curiosos y traviesos. Son narigones, las orejas les crecen hacia delante, tienen los talones al revés y usan sombrero de palma ancho y picudo. Se dice que pueden tomar la apariencia de puntitos rojos que se mueven. Viven en los árboles de amate, en las cuevas y en los ríos, de los que son sus guardianes. Son los amos de los venados, las chachalacas, los guajolotes y los armadillos, a los que usan como bancos para sentarse. Cuando alguna persona tiene la desgracia de caer en un manantial o en un río, los chaneques se apoderan de su alma, por lo que el desdichado sale pálido y muy frío; para curarlo se debe chuparlo a fin de que se le salga el mal de aire. No cualquiera puede llevar a cabo la curación, sino sólo los curanderos especializados y conocedores de las maldades de los chaneques. Se dice que si los cazadores de los bosques hieren a un animal, los chaneques, molestos, les roban a sus perros de caza y los cazadores sólo pueden recobrarlos tras bañarse varias veces en agua bendita y persignarse después de cada baño. Así pues, para poder cazar, los cazadores deben pedir a los chaneques que les muestren dónde están los animales que pueden cazar y ofrecerles parte de la carne obtenida y un buen aguardiente, en reciprocidad a que los chaneques les brindaron los animales de los bosques de los cuales son responsables. El permiso para cazar no se otorga si los cazadores han tenido un mal comportamiento y si no lo solicitan.

Del mismo estado de Veracruz tenemos otra versión que nos dice que los chaneques son monstruos, duendes del infierno muy pequeños que carecen de genitales, con la cabeza enorme y calva. Sus ojos son pequeños, sus narices muy arrugadas y sus dientes son muy afilados, para poder dañar a los humanos. De carácter son infantiloides, bromistas, chocarreros y a veces hasta malvados. Su piedra favorita es el jade, aunque les encantan la pirita y los cuarzos. Su comida preferida es el copal blanco, que saborean con gula.

A orillas del río Papaloapan, a los chaneques se les conoce con el nombre de *ohuican*; son pequeñitos, de cincuenta centímetros de altura. Se roban las almas de las personas que atrapan y se las llevan a las profundidades de la Tierra, al Inframundo, en donde viven y cuya entrada es el tronco de una ceiba seca. Estos duendes con cara de viejo arrugado esconden a sus víctimas durante tres o siete días; después, las regresan a la Tierra con una terrible laguna mental, pues nunca recuerdan nada de lo que pasó durante su cautiverio. Los chaneques, cuando les da por hacer maldades, cambian las cosas de lugar o las esconden, El único remedio es decirles groserías. Para defenderse de estos personajitos maloras debe llevarse entre las ropas una cruz de palma o un ojo de venado.

Hacia el sur del estado de Veracruz se piensa que los chaneques son jóvenes y muy bellos para poder seducir a las mujeres, a quienes raptan para vivir con ellas un tiempo. En cambio, en la cuenca del Balsas, la leyenda nos cuenta que los chaneques son como enanos, su cuerpecito es cuadrado y sus bracitos arqueados. Tienen la tez lisa, morena amarillenta y lustrosa. Sus labios son gruesos, su boca grande, su pelo lacio, las orejas muy grandes y una mirada dura y penetrante. Como son traviesos y maldosos, para causar daño y enfermar a las personas les escupen. Así, provocan una fiebre muy alta y un increíble dolor en todos los huesos. La enfermedad no se cura con nada: ni los doctores ni la ciencia pueden hacer nada para remediar tal estado. Sólo hay un medio para la curación: meterse en un arroyo contra corriente y llevar un ramo de flores, las cuales deben arrojarse en el agua con cierto orden; primero las flores amarillas, luego las rojas y, por último, las blancas. Esta ceremonia debe hacerse durante cinco días seguidos.

En la tradición popoluca, grupo indígena de la región sureña del estado mencionado, se cuenta que Dios creó al Chaneco para que cuidara a todos los elementos de la naturaleza a los que diera vida, Así, el Chaneco se convirtió en Dios de la Tierra, del agua, de las plantas y de los animales. Este dios acostumbra vivir en Cantaxotalpanota o Ta'altampa, el mundo subterráneo o paraíso, donde la naturaleza es abundante, verde, fresca y bella. Su mundo se comunica con la Tierra por medio de una ceiba, en cuyos nudos al Chaneco le gusta acomodarse y dormir. Tiene unos ayudantes a los que llama chaneques, quienes cuidan el bosque y de los animales. Estos duendecillos entran y salen del inframundo por las nudosidades de la ceiba. El Chaneco come miel, aves, frutas y animales. Se sienta a comer a la mesa hecha con el carapacho de una gran tortuga, sobre un banquito de armadillo. Es notable la semejanza entre los chaneques popolucas y los antiguos *tlaloques*.

Otras fuentes nos informan que, cuando a algún chaneque les gusta un niño, se lo roba y los cría como si fuera suyo. Pero al pobre niño le crecen los pies y las manos de manera desproporcionada y pierde su dedo anular. El crecimiento es tal que nunca más puede volver a usar zapatos. Estos niñitos robados están sentenciados a comer cucarachas vivas y a beber agua de los charcos, así como a no bañarse nunca más. Para que los chaneques suelten a los niños, los padres y familiares deben gritar muy fuerte: "¡Ven, Juan, en nombre de san Juan Bautista!". Es medida recomendable ponerse alguna prenda de ropa al revés para alejar a los chaneques.

Los nahuas de Acayucan, Veracruz, diferencian entre los chaneques y las chanecas, pues hay de los dos sexos, incluso envejecen. Muchas leyendas han surgido al respecto. Veamos el inicio de una de éstas recopilada por la Unidad Regional de la Dirección de Culturas Populares:

> *Un muchacho andaba cerca de una laguna y de pronto oyó un ruido que venía de la laguna y desde lejos se dio cuenta que eran unas muchachas y cuando fue a llegar, ahí en la orilla estaba sentada una viejita y era una* chaneca. *Ella estaba cuidando a las muchachas* chanecas *y llegó ahí el muchacho.*
> *La viejita le preguntó:*
>
> *—Oye, ¿tú quién eres, hijo?*
>
> *Y como vio que el muchacho era como todos, tenía cinco dedos en cada mano, eso le interesó mucho a la viejita, porque los* chanecos *no tienen cinco dedos en cada mano, sólo cuentan con dos dedos y por eso les encantan. Nos sacan un poco de sangre y con eso nos llevan al mundo de ellos.*

Las chanecas son jóvenes de quince a veinte años de edad que son bellas y seductoras, aun cuando sólo cuentan con dos dedos, como nos relata la leyenda, y se encuentran en las lagunas, donde se bañan y se divierten. Su mayor diversión es enamorar a los jóvenes, a quienes se llevan durante cierto tiempo. Suelen vivir en las ramas de las ceibas.

Hasta aquí nuestro artículo acerca de estos fascinantes personajes de la mitología, mismos que también aparecen en las tradiciones michoacanas: en Huetamo se les conoce como parranderos, jugadores de baraja, enamorados y fumadores de cigarros de hoja.

XXI
Las diosas madres de la tierra y la fertilidad: antecedentes del Día de las Madres

Hace ya buen tiempo, en nuestro país se celebra el Día de las Madres el 10 de mayo. Esta fiesta nos llegó vía Estados Unidos de América como un préstamo cultural que tuvo como inicio la buena intención de una amorosa hija para con su madre, pero que en la actualidad se ha convertido en una fecha benéfica para las utilidades de los comerciantes. El 10 de mayo se quedó con nosotros y adquirió cartas de naturalización en este país tan proclive a adorar a las madres, aunque sólo sea por un día. Pero sí bien es cierto que la costumbre nos llegó del país vecino, el concepto de venerar la maternidad, la fertilidad y la creación de formas de vida humana o agrícola ha acompañado al hombre desde las primeras civilizaciones surgidas en Europa, Asia y América. Así, podemos afirmar que los egipcios, los griegos, los romanos, los chinos, los aztecas y los incas adoraron a la fertilidad y a la maternidad y formaron un extenso panteón de diosas a las cuales rindieron culto por medio de complicados rituales de los que, de alguna manera, somos herederos. Acerquémonos ahora a conocer algunas de las diosas-madres de la mitología mundial.

Madres mitológicas

En la cultura egipcia existió una diosa llamada Isis, esposa y hermana de Osiris, remarcable dios que, entre otras cosas, inventó la fabricación de la cerveza, para deleite y perdición de los humanos. Isis fue la diosa de la agricultura y de la Tierra. Los griegos la concibieron como la diosa del grano, y aun se la describió como "La que ha parido los frutos de la Tierra y la madre de las espigas del grano". Ella misma se nominaba a sí misma "La reina de los trigales". Era, pues la Diosa Madre de la fertilidad y de la producción de cereales.

La diosa griega Deméter, conocida y reverenciada entre los romanos como Ceres, fue la hija del dios Cronos y de Rea. Su nombre griego significa "madre tierra"; aunque para algunos filólogos su nombre es cretense y nos remite a *deai,* cebada, que junto a *-meter,* vendría a significar "madre de la cebada". Hay que tener en cuenta que la cebada fue el primer cereal que se cultivó entre los pueblos arios y entre los griegos homéricos y formó parte de la dieta de los habitantes lacustres de los palafitos de la Edad de Piedra de Europa. A Ceres correspondió el honor de ser la deidad de la agricultura, quien viajó por toda la Tierra para enseñar a los hombres la manera de cultivar los cereales y convertirlos en pan.

Entre los romanos fue sobresaliente Tellus o Terra, diosa que encarnaba la fertilidad. Se la representaba en forma de mujer con múltiples senos llenos de leche. A veces se la llamaba Tellus Mater o Terra Mater. Estaba asociada con el matrimonio, la maternidad y los embarazos, incluso de los animales. En su honor se celebraban festivales de la siembra, *Feriae sementivae,* en el mes de enero; y el 15 de abril se llvaba a cabo el festival llamado *Fordicidia,* "vaca preñada", a fin de propiciar la abundancia para todo el año.

Entre los fenicios, Astarté tenía como atributos ser la diosa generadora de la vida, principio de la naturaleza, además de exaltar los amores y los placeres carnales. Fue la deidad principal de la ciudad portuaria de Sidón; hermana y esposa de Baal, dios de la lluvia y de la fertilidad de los campos. Es una de las diosas más antiguas de Oriente Medio. La leyenda nos cuenta que esta diosa descendió a la Tierra en forma de una estrella flamante, cerca de Byblos, en un lago de Alphaca, donde hubo muerto Tamuz. Los fenicios representaban a la diosa con cuernos de vaca, pues representaban la fertilidad; en cambio, los asirios y babilonios, quienes también la adoraban, la representaban en el acto de acariciar a un niño. Astarté gobernaba sobre los espíritus que residían en el cielo y que se veían desde la Tierra en forma de estrellas, y por ello era llamada "la madre de las almas del cielo".

En el hinduismo tenemos a la diosa Devi, quien representa la energía femenina del único creador, la amable y gentil madre. Es Ma, la suave y accesible madre. Se la adora por muchos nombres. En el shaktismo, una modalidad del hinduismo, denominado así porque adoran a Shakti o Devi Mata, la gran divina madre encarna la fuerza productora del universo, sin la cual el lado masculino se encuentra incompleto, pues es en el útero donde la energía masculina concibe la vida. Devi es acción y construcción; ella genera y regenera la vida.

En la antigua mitología china, Nuwa es una diosa (por lo regular representada como mujer) que forma parte de los Tres augustos y Cinco emperadores. Representa a la madre creadora, la diosa esposa, hermana, líder tribal y emperatriz. En algunas corrientes tradicionales, Nuwa y su esposo Fuxi, uno de los Tres augustos, son los padres de los hombres, dioses representados con cuerpo humano y cola de serpiente o dragón, porque con ésta formaron los ríos durante la creación. Una variante del mito nos cuenta, que en el principio de los tiempos, sólo ella existía y, como se sentía muy sola, creó a los animales y a los seres humanos en siete días: el primero hizo al gallo; el segundo, al perro; el tercero, a la oveja, el cuarto, al cerdo; el quinto, a la vaca; el sexto, al caballo; y el séptimo, al hombre, para lo cual utilizó barro amarillo en el cual introdujo una cuerda y cuyas gotas caían al suelo para transformarse en seres humanos.

Dentro de nuestras culturas mesoamericanas tenemos a la diosa Coatlicue, la de la falda de serpientes, diosa terrestre de la vida y de la muerte, que también recibía el nombre advocatorio de Tonantzin, nuestra madre, y de Teteoinan, madre de los dioses. A ella correspondió el honor de ser la madre de Huitzilopochtli. Cuando Coatlicue se encontraba barriendo, una pluma se le metió en el vientre y quedó preñada. El embarazo enojó a sus otros hijos, los Centzon huitznahua quienes, instigados por Coyolxauhqui, tomaron la decisión de matar a su madre. No obstante, Huitzilopochtli salió de la matriz de ella adulto y armado por completo y aniquiló a los malvados hijos, le cortó la cabeza a su hermana Coyoxauhqui y la arrojó a la Luna, donde puede verse convertida en la sombra de un conejo.

En las tierras andinas, entre los pueblos indígenas que ahí habitan, reinó y aun reina la Pacha Mama, la madre tierra, divinidad protectora de los humanos, diosa de la fecundidad y la fertilidad. Es el mundo, el universo, el todo. Habita en el carro blanco, que es el evado de Cachi, en cuya cumbre existe un lago que rodea una isla, habitada por un toro de astas doradas de cuya boca salen las nubes tormentosas cuando se pone a bramar. La diosa siempre está hambrienta y, si no se la alimenta con ofrendas, se enoja y produce las enfermedades en los humanos. En la antigüedad, en la región andina se le ofrecían sangre y fetos de llama, hojas de coca y conchas marinas, con el fin de fertilizar la tierra y que nunca hubiese una mala cosecha. Algunos investigadores consideran que los rituales dedicados a la Pacha Mama son de los más antiguos de los Andes, los cuales poco a poco han cedido lugar a los rituales dedicados el Sol, que cobraron mayor importancia. En la actualidad aún se la venera y se le dedica un ritual llamado la *challa*, tributo, el cual se lleva a cabo el primero de agosto. Durante la noche anterior, en las casas se le prepara una comida especial, la *tijtincha*, la cual se lleva a un ojo de agua o a alguna acequia, donde se efectúa el ritual principal de Pacha Mama.

Dentro del panteón navajo, la mujer cambiante, Estsanatlehi, que significa "la madre de todos", es la diosa más importante. Era hija del niño de la larga vida y de la niña de la felicidad. Fue creada por el dios que habla, de una figura de turquesa y fue la hacedora del primer hombre y la primera mujer. Simboliza la esencia de la vida, ya que tiene la facultad de madurar en verano, envejecer cada otoño, morir cada invierno y volver a ser joven en la primavera, en un interminable ciclo. Tiene como hermana a la mujer concha blanca. La mujer cambiante hizo vida marital con el dios Sol, Tsohanoai, quien lleva al Sol en sus espaldas y por las noches lo cuelga en el lado oeste de su casa. Ella se encuentra con su esposo cada noche, cuando el Sol se pone.

La mujer cambiante, también conocida como la mujer turquesa, vivía en un palacio de turquesa en el horizonte occidental, el sitio exacto donde se encontraba con su amante el Sol, amasiato con el cual sus padres estaban muy satisfechos. La mujer cambiante tuvo dos hijos, que son los héroes gemelos de la mitología. Se llamaron Matador de monstruos y Nacido para el agua, y se hicieron hombres completos en sólo ocho días después de su nacimiento. Cuando crecieron, decidieron que iban a buscar a su padre. Cuando llegaron a su casa descubrieron que su padre tenía otra mujer, quien, enojada por la intrusión de los jóvenes, los amenazó con provocar la ira de su padre. Eso no les importó a los gemelos, quienes hicieron unas armas mágicas para limpiar la tierra de los monstruos que la habitaban. Ellos mataron a esos monstruos que amenazaban continuamente la vida de los entes sagrados. Después de haber bailado con su madre una danza sagrada en una ceremonia, los gemelos le construyeron una hermosa casa en el fin del cielo, donde el Sol podría visitarla a ella sola, sin la presencia de la otra mujer.

Las guerras que los gemelos emprendieron contra los monstruos despoblaron la Tierra. Entonces, La mujer turquesa cepillo el polvo de sus pechos y, con la harina blanca que salió de su seno derecho y con la sustancia amarilla que brotó del izquierdo, hizo una pasta con la cual dio forma a un hombre y a una mujer. Cubrió a las figuras con una manta mágica y al día siguiente estaban vivas y respiraban. Entonces, la diosa bendijo su creación. Durante los cuatro días siguientes la pareja se reprodujo constantemente, hasta que se formaron los cuatro clanes navajos básicos. Sin embargo, la creación de la mujer cambiante no fue satisfactoria para ella: volvió a hacer los cuatro grupos, pero esta vez con el polvo de sus pezones. Las mujeres de estos clanes fueron famosas por sus grandes y bellos pezones. Así pues, todos los navajos tienen algo de la esencia de la turquesa. La diosa pensó que su creación estaba completa y se retiró a su palacio de color turquesa, desde donde envió bendiciones a su pueblo, tales como las estaciones, las plantas, los alimentos y los brotes de primavera. De los monstruos que mataran sus hijos sobrevivieron cuatro: el mal, el envejecimiento, la pobreza y el hambre.

Origen del actual Día de la Madre

Después de mencionar estos someros ejemplos de madres creadoras y dedicadas a la fertilidad, volvamos al inicio de nuestro artículo y veamos cómo surgió en Estados Unidos de América el tan sonado Día de las Madres. En dicho país, este día se festeja el segundo domingo de mayo. Todo empezó cuando una mujer llamada Mary T. Saeen, nacida y radicada en Kentucky, pensó que el 20 de abril, día del cumpleaños de su madre, debía ser instaurado como una festividad anual dedicada a todas las madres. Hizo su propuesta a un grupo de amigas maestras, quienes no la tomaron en cuenta y el proyectó fracasó. Esto sucedía en 1890. Dos años más tarde, el pastor Robert K, Cummings de la Iglesia Universalista de Nuestro Padre, en Baltimore, quiso que todos los 22 de abril se realizara un servicio religioso en honor a todas las madres del mundo. La fecha estaba relacionada con el día en que su madre había muerto. Todo volvió a fracasar. Y lo mismo sucedió con los intentos de Fred Hering en 1902. Antes de estos acontecimientos, en la Inglaterra medieval se conmemoraba el Domingo de la Madre el cuarto domingo de cuaresma. En este día, los niños trabajadores que habían estado fuera de sus casas como aprendices en los talleres, retornaban para visitar a sus mamás y les llevaban un regalito o una torta de frutas con pasta de almendras, horneada de manera específica para esa fecha. En Estados Unidos de América, en el otoño de 1872, por iniciativa de la escritora Julia Ward Howe se realizó la primera celebración pública del Día de las Madres, con una manifestación pacífica en la cual participaron todas las madres de las familias que habían perdido un hijo en la guerra. Sin embargo, las manifestaciones no fueron muchas y la costumbre se perdió. En 1907 (o 1905), Ana Jarvis, una sufrida hija soltera y sin hijos dedicada exclusivamente a su madre y que vivía en Grafton, Virginia, inicio una campaña nacional para instaurar un día dedicado a las madres estadounidenses, a raíz de la muerte de su madre. Envió cartas a maestros, abogados, políticos, religiosos y a todas las personalidades que se le ocurrieron para plantearles su deseo, con el cual todos estuvieron de acuerdo. Así, ya en 1910 la fiesta se celebraba en casi toda la Unión Americana. Pero no fue sino hasta 1914 cuando el presidente Woodrow Wilson firmó la declaración oficial del Día de la Madres para celebrarse el segundo domingo de mayo.

Como la fiesta empezó a tener un carácter más comercial que venerable, en el año de 1923 Ana Jarvis pidió a las autoridades que se quitase la fiesta del calendario de fiestas oficiales. Su reclamo ocasionó varios disgustos y el rechazo de su petición. Poco antes de morir, Ana hizo público su arrepentimiento por haber iniciado una celebración que sólo beneficiaba a los comerciantes.

En México, la fiesta cuenta con casi un siglo de existencia, desde que el periodista Rafael Alducin, del periódico *Excelsior*, el 13 de abril de 1922 realizara una invitación para que se fijara una fecha para conmemorar este día. Le tocó al 10 de mayo y así se mantiene hasta nuestros días. No todos los países festejan el mismo día; por ejemplo, el segundo domingo de mayo en Alemania, Australia, Bélgica, Brasil, Chile, China, Canadá, Colombia, Perú, Venezuela y Estados Unidos de América; el 14 de mayo en Samoa; el 15 de mayo en Paraguay; el 26 de mayo en Polonia; el 27 de mayo en Bolivia; el 30 de mayo en Nicaragua; y el último domingo de mayo en Francia. Y aun se extiende la fecha hasta agosto, como en Tailandia y Amberes, en Bélgica.

XXII
La lucha libre en México. Cronología de 1863 a 1910

Especialmente dedicado a los amantes de la lucha libre.

La lucha entre los mexicas

En el Continente Americano surgieron varias civilizaciones importantes por su avance cultural y por su civilización. En el área denominada Mesoamérica existió un grupo cultural que sobresalió por su fuerza guerrera y por sus conocimientos: los mexicas. Llegaron al valle de México desde el mítico Aztlán y en poco menos de tres siglos fundaron una de las más importantes culturas de México.

Su organización social era piramidal. En la cúspide estaba el *huey tlatoani* o sumo sacerdote, a la vez monarca y representante del dios Quetzalcóatl en la Tierra. Seguían, en escala jerárquica, los sacerdotes, los guerreros, los comerciantes, el pueblo y los esclavos. El emperador, su corte y algunos sacerdotes habitaban recintos dentro o cerca de los templos ceremoniales; los campesinos, por su parte, vivían en *calpullis* o barrios, donde se localizaban los terrenos de cultivo y el templo de culto local. Estos campesinos se alimentaban de lo que sembraban, y las clases dirigentes del tributo en especie que recibían de los *calpullis* y de los pueblos conquistados.

La religión era politeísta. Adoraban a una multitud de dioses que encarnaban elementos de la naturaleza o conceptos de la cultura mexica. Era un pueblo sumamente religioso que invertía gran parte del año en celebrar actos religiosos.

Durante los festivales en honor a Huitzilopochtli, Dios de la Guerra, y en algunos otros, los guerreros mexicas efectuaban maniobras y simulacros de batallas campales en los cuales demostraban al pueblo sus habilidades y destrezas guerreras. Las exhibiciones tenían dos objetivos: mantenerse en buenas condiciones y divertir a los espectadores. Los ejercicios realizados eran muy duros y permitían a los combatientes mantenerse fuertes y ágiles, para llevar a cabo las tareas propias de su profesión. Esta lucha, junto con el llamado "sacrificio gladiatorio", constituyeron las dos modalidades de defensa cuerpo a cuerpo que se practicaron en la cultura mexica.

El "sacrificio gladiatorio" consistía en un tipo particular de lucha que fue llamado con ese nombre por los cronistas españoles. Su origen es muy antiguo, se remonta a los antiguos habitantes de las costas del Golfo de México. Los sacrificios gladiatorios se celebraban ante una gran multitud en el *Temalácatl* que se encontraba cerca del templo Mayor y cuya simbología hacía referencia al cielo. Medía 92 cm de diámetro y en el centro presentaba un orificio en donde se ataba con una cuerda al cautivo, provisto con armas de madera con las que debía combatir sucesivamente con guerreros aztecas equipados con verdaderas armas. Si el prisionero, a pesar de las adversas circunstancias, sobrevivía, se le dejaba con vida; pero si caía herido era desatado, amarrado a una especie de escalera y flechado hasta morir. Los mexicas denominaban a esta lucha "rasgar la tierra", y el hecho de matar a la víctima a flechazos recibía el nombre de "preñar la tierra".

En el "sacrificio gladiatorio", la víctima llevaba los atuendos del Dios Xipe Tótec, nuestro señor el desollado y dios de la primavera, que representaba la renovada vegetación que aparece después de las primeras lluvias. Iba con el cuerpo cubierto con una piel humana y se le colocaba una máscara de igual material; se le tocaba con un plumón blanco que simbolizaba el alba, momento cuando las almas de los guerreros resucitados vuelan hacia el cielo. Los guerreros contra los que combatían los prisioneros estaban vestidos de caballeros jaguar, una de las órdenes militares más importantes de los mexicas. Cuando la víctima caía herida sobre la piedra, los sacerdotes, vestidos con túnicas negras, le abrían el pecho, extraían su corazón y lo desollaban como un homenaje y ofrenda al dios Xipe Tótec.

Con la llegada de los españoles conquistadores a nuestro territorio en el año de 1519, la lucha y los encuentros gladiatorios, como los denominaron los cronistas, desaparecieron debido al sistemático exterminio cultural que sufrieron las culturas indígenas. Así transcurrió un largo lapso sin que las luchas se practicaran. En el siglo XIX tuvo lugar un acontecimiento histórico que marcaría el inicio de la lucha libre en México, pues en 1863 los franceses invasores iniciaban el sitio de Puebla y la plaza fue defendida por 20 mil mexicanos a las órdenes del general Jesús González Ortega.

1863

☐ Ocupada ya la ciudad de México por las tropas al mando de Elías Forey, a quien acompañaban los generales Aquiles Bazaine, Juan N. Almonte y Leonardo Márquez, las páginas de los periódicos dan la noticia de un torneo de lucha grecorromana entre los soldados franceses y la infantería de Marina. Este torneo se celebró en honor del general Bazaine, quien contrajo matrimonio con una joven mexicana de nombre Pepita Peña. Dicho espectáculo tuvo lugar en el palacio de Buena Vista —edificio que en la actualidad ocupa el museo de San Carlos—, donde los festejados presenciaron las destrezas de los luchadores, acompañados por los padrinos: Maximiliano y Carlota de Habsburgo.

❑ Este hecho marcó el inicio de la segunda etapa de la lucha en México, pues a partir de entonces empezó a incrementarse en el país el gusto por la lucha grecorromana. En ese mismo año de 1863 surgió la figura de don Antonio Pérez de Prián, primer luchador mexicano. Don Antonio adquirió sus conocimientos en lucha grecorromana gracias a las enseñanzas de un zuavo francés cuyo nombre desconocemos.

❑ Una vez que Pérez de Prián consideró haber aprendido lo necesario para ser un buen luchador, empezó a incursionar en circos y teatros donde presentaba números acrobáticos y de fuerza.

❑ Después de hacer sus pinitos, Pérez de Prián debutó como luchador profesional contra el estadounidense Henry Buckel en la plaza de toros de San Pablo. Ganó la pelea y tomó el nombre del Alcides mexicano o lo que es lo mismo, el Hércules mexicano.

❑ A Pérez de Prián se le debe la enseñanza de la lucha a muchos jóvenes mexicanos, pues fue regente del Gimnasio higiénico y medicinal que fundó el francés *monsieur* M. Tourin en las calles de San Agustín (hoy Guatemala). Dicho gimnasio es el primer centro de enseñanza de la lucha grecorromana en México.

❑ El 10 de abril se presentó el segundo Alcides mexicano, Máximo Urteaga, en la plaza de toros del Paseo nuevo. Su número incluyó ejercicios gimnásticos, equitación, acrobacia, mojiganga, toro embolado y lucha grecorromana.

1867

❑ En este año, la lucha empezó a tener gran aceptación entre los jóvenes de la alta sociedad mexicana. De entre estos jóvenes entusiastas surgió la figura de Enrique Ugartechea, quien dio realce a la lucha mexicana y formó a toda una pléyade de luchadores en el gimnasio de su propiedad.

❑ Se retaron los dos Alcides mexicano, Urteaga y Pérez de Prián, para medir fuerzas y así poder obtener el derecho exclusivo de usar el nombre profesional, pues es inadmisible que ambos lo lleven. Por desgracia, se desconoce el resultado. De Prián se marchó a Europa y Arteaga continuó con sus exhibiciones, hasta que el paso del tiempo lo sumió en el anonimato.

1893

❑ Transcurren algunos años. México se encontraba gobernado por el general Porfirio Díaz. Se inauguró el ferrocarril a Cuautla y Díaz promulgó la Ley de minería. En tanto, se firmó un tratado entre México y Gran Bretaña concerniente a los límites territoriales con Belice. Aunados a estos hechos históricos, los espectáculos también se modificaron y se enriquecieron, y así llegó a México el luchador italiano llamado Romulus, para presentar su espectáculo en el Circo Orrin, lugar donde realizó demostraciones de su fuerza hercúlea que lo hicieron acreedor a su nombre. Su arribo causó gran revuelo entre la población.

1900

❑ En este año se produjeron dos acontecimientos importantes: el país aumentó su población a 13 545 000 y llegó a México el luchador francés Michaud Planshet para presentar su espectáculo de lucha grecorromana en circos, teatros y plazas de toros. Fue recibido con beneplácito y dio fuerte impulso a la lucha grecorromana. En franca competencia con Planshet se encontraba el señor José Espino Barros.

❑ En este año, *monsieur* Planshet peleó en la modalidad de lucha grecorromana contra el mexicano José Espino Barros en la plaza de toros. Espino fue uno de los más bravos oponentes de Planshet.

1902

❑ Espino Barros se convirtió en profesor de lucha grecorromana y fundó, para ese menester, el Club olímpico, gimnasio situado en los altos del Salón Rojo, en la esquina que forman las calles de San Francisco y Coliseo.

1903

❑ Este año, la lucha grecorromana empezó a tener una gran aceptación entre los jóvenes de la alta sociedad mexicana. De entre estos entusiastas de la lucha surgió la figura de Enrique Ugartechea, quien destacó por su estupendo físico y una fuerza fuera de lo común. Era tan imponente que fue elegido para representar el papel de Urdus en una obra teatral junto a doña Virginia Fábregas, en el entonces famoso Teatro Abreu. Peleó contra Romulus, el Hércules italiano, en el circo taurino Chapultepec. Por desgracia perdió dos de tres caídas. Sin embargo, la cosa no queda ahí, ya que Ugartechea volvió a retar al italiano y esta vez le ganó en la ciudad de México y en la de Puebla. Se convirtió en campeón. Más adelante se dedicó a hacer giras por varias partes del mundo: fue a Cuba, donde también resultó campeón; a Buenos Aires y a España, país donde derrotó a Jack Jonson, quien era campeón mundial de peso completo en el deporte del box.

❑ Una vez efectuadas sus giras, Enrique Ugartechea regresó a México, se convirtió en profesor de lucha grecorromana e impartió sus cursos en los nacientes clubes deportivos de la ciudad de México a los jóvenes interesados.

1904

❑ Cuando Enrique Ugartechea regresó de su viaje a Estados Unidos de América, fundó un gimnasio en la calle de San José del Real (ahora Isabel la Católica), el cual alcanzó gran éxito. Por desgracia no conocemos el nombre de este gimnasio.

1907

❑ El hecho de que Ugartechea se dedicara a la enseñanza de la lucha no fue obstáculo para que abandonara las competencias, pues en este año venció en una pelea contra el luchador estadounidense Spiner, llevada a cabo en la Academia Metropolitana de la Ciudad de México.

1908

❑ El sábado 5 de septiembre de 1908, Ugartechea peleó contra Miguel Layo en el Salón Noriega del puerto de Veracruz. Ganó tres caídas de cinco minutos cada una. La pelea atrajo mucho público, tanto que el local resultó insuficiente y muchas personas se quedaron afuera, sin poder ver a los luchadores. Gracias a este encuentro, Ugartechea ganó quinientos pesos en una apuesta que hizo con su mismo contrincante.

❑ Como podemos ver, en este tiempo ya había luchadores mexicanos y el país recibió gladiadores que venían de otras naciones; así llegó a México el luchador y torero catalán Joaquín Artau, el mismo día de la contienda entre Ugartechea y Romulus. Peleaba muy bien y sus presentaciones gustaban al público.

1910

❑ Llegó el año de 1910 y con éste el triunfo de la revolución armada y el derrocamiento de Porfirio Díaz. En el Tívoli del Eliseo, los clubes antirreeleccionistas efectuaron reuniones para elegir candidatos a la presidencia y a la vicepresidencia del país. El resultado fue la elección de Francisco I. Madero y de Francisco Vázquez Gómez. También para la lucha libre fue un año importante, ya que empezaron a crearse las primeras empresas de lucha que organizaron funciones en el Teatro Principal, donde hizo su presentación el campeón italiano Reselevitch con demostraciones de su gran fuerza muscular.

❑ Llegó el teatro Colón la *troupe* del famoso Antonio Fournier, francés que trajo a México a los luchadores Conde Koma y al japonés Sataka Nabutaka.

❑ El luchador Satake Nabutaka decidió quedarse a vivir en México y se convirtió en instructor de lucha en la Escuela Nacional de Maestros. Uno de sus alumnos fue el famoso Eduardo "Dientes" Hernández.

XXIII
La cosmovisión indígena

Los pueblos indígenas, a lo largo de su devenir histórico, han creado un conjunto de respuestas colectivas a sus necesidades vitales para poder hacer frente a las condiciones de su entorno natural y social, mismas que son el producto de la experiencia acumulada en el intercambio de las relaciones humanas. Dichas respuestas, que se manifiestan en sistemas valorativos, de percepción y de organización del mundo, relacionadas de manera estrecha con el desempeño de las actividades cotidianas, conforman la cosmovisión o concepción del mundo.

Por medio de la cosmovisión, el indígena conoce su remoto origen, la composición y distribución del universo y las leyes encargadas de regular el equilibrio del cosmos. Tales conocimientos hacen posible la ejecución de sus acciones en la Tierra y la continuidad e identidad del grupo al cual pertenece.

En el pluricultural mundo de los pueblos indígenas existen tantas cosmovisiones como etnias hay en el país. Sin embargo, casi todas éstas han surgido de la común fuente mesoamericana y se han nutrido, en mayor o menor medida, de posteriores aportes ideológicos occidentales y aun africanos.

En la cosmovisión indígena, los ámbitos de la naturaleza, la sociedad y lo sagrado se encuentran unidos de forma íntima y son determinantes en la realización de las actividades diarias de los individuos y de la colectividad. La cosmovisión se dinamiza día con día y se trasmite por generaciones a través de la práctica regular de los ritos, de la vigencia y aplicación de los calendarios solar y religioso, de la continua reproducción de los mitos y de la invaluable tradición oral.

La cruz: espacio y tiempo de los pueblos indígenas

Dirigida hacia los cuatro puntos cardinales, formada por dos líneas perpendiculares que se cruzan, la cruz es el principio básico de todos los símbolos de orientación. En ésta se sintetizan el tiempo y el espacio de acuerdo con la rotación del mundo y con la salida y ocaso del dios Sol.

Algunas culturas indígenas reconocen siete rumbos cósmicos: Norte, Sur, Este y Oeste; más el espacio vertical que sube, el cenit; el vertical que va hacia abajo, el nadir; y una dimensión interior o centro. Con base en éstos se articulan los mitos sobre el origen de la vida, las leyes del cosmos, los planos del universo y los ciclos agrícolas y festivos; es decir, toda la cosmogonía manifiesta en el diario quehacer humano. Tan fundamental es la cruz cósmica que deviene el eje sustancial de la vida cotidiana y ceremonial de las comunidades indias. No sin razón, Jacques Soustelle afirmaba: "La cruz es el símbolo del mundo en su totalidad". Baste recordar la cruz sagrada de Quetzalcóatl.

Así, por ejemplo, en los tiempos antiguos, la cruz fue para los mayas la representación simbólica de los cuatro vientos, como eran nombrados los cuatro puntos cardinales. Al centro de la cruz cósmica se erigía la gran ceiba de la vida y de la fertilidad a la que llamaban Waka-chan.

Los mitos de creación

Todos los indígenas actuales poseen una cosmogonía expresada por medio de mitos, los cuales explican el origen del universo, de la naturaleza y de los seres humanos. Ya que todo origen remite a connotaciones sagradas, requiere mitos surgidos por revelación de los dioses que explique el nacimiento de las divinidades, la creación de los astros y de los elementos de la naturaleza y la aparición del hombre sobre la Tierra, para asegurar la reproducción y el continuo devenir del universo.

Toda creación presupone una organización de la nada, del caos, tarea ajena a las limitadas capacidades humanas; por ello, resulta indispensable la intervención y participación de dioses primarios, capaces de realizar el orden requerido para lograr una obra perfecta y ejemplar.

Los dioses primarios crearon al mundo en diferentes etapas progresivas y destruidas de manera sucesiva por las mismas divinidades, casi siempre a causa de las debilidades y las fallas humanas. Estas etapas conllevan un sentido evolutivo lineal, pues aun cuando a menudo son interrumpidas por destrucciones catastróficas, dan paso a una nueva creación, en continua progresión dialéctica. Así, por ejemplo, cuentan los abuelos maya-yucatecos que, antes de existir este mundo, los dioses crearon tres. El primero de éstos estuvo habitado por unos enanos que construyeron, en la más absoluta oscuridad, ya que aún el Sol no había sido creado, unas grandes y maravillosas ciudades. Estos enanos se llamaban en lengua maya *sayam uinicoob*, que significa "los ajustadores".

Cuando el Sol apareció en el Universo, los enanos ajustadores se convirtieron en piedra y todavía pueden verse en las paredes de los edificios de las antiguas ciudades mayas como Chichén-Itzá, ciudad sagrada del Nuevo Imperio fundada por los itzaes. Este primer mundo desapareció a causa de un terrible diluvio, el *haiyokocab*, que quiere decir "agua sobre la tierra".

El segundo mundo estuvo poblado por los *dzoloob*; es decir, los "transgresores" u "ofensores". Sin embargo, este mundo no duró mucho tiempo porque los dioses no estuvieron satisfechos con sus habitantes y enviaron sobre la Tierra otro enorme diluvio que la destruyó.

El tercer mundo albergó a la gente del pueblo maya, los llamados *macehualloob*, pero también sucumbió a causa de una gran inundación: la *bulkabal* o "zambullida". Ahora es el tiempo del cuarto mundo, habitado por una mezcla de todas las razas que han vivido en la Península de Yucatán. De manera fatal e inexorable, este cuarto mundo también deberá de extinguirse, aniquilado por un nuevo diluvio que se encargara de desaparecer a la humanidad. Tal es el destino fatal que espera a los hombres.

El mito de la creación de los indios seris nos cuenta que en un tiempo muy lejano sólo existía el mar, el cielo y los animales marinos. Un buen día, los animales se reunieron y decidieron ir hasta el fondo del mar para traer un poco de arena y formar la tierra. Cada uno lo intentó, aunque el mar era tan profundo que ninguno pudo llegar hasta el fondo. Le llegó entonces el turno a la caguama, que es la tortuga más grande que nunca haya existido; se sumergió en el mar y tardó muchos días en regresar. Todos los animales la esperaban con creciente ansiedad. Pasado un mes, la caguama regresó. Había podido llegar hasta el fondo del océano y había cogido bastante tierra, pero en el camino se le había caído y sólo le quedó la tierra que se le metió en las uñas. Con esa tierra arenosa se formó la Tierra.

El primer ser que existió fue una mujer que se llamó Koo-Mahimm Hahay'tahm, que significa primera mujer o mujer pintada, pues su cara y cuerpo estaban decorados de color azul, a fin de verse más bella, y como en realidad lo conseguía, la llamaban la mujer que es bella. La diosa surgió del carrizo que salía de la Tierra desde el principio de los tiempos. Un día, decidió partir del sitio donde se encontraba y, tras cruzar a la Isla Tiburón, llegó hasta un lugar donde encontró a un hombre. Se casó con ese hombre y al año tuvo un hijo. Otro año después tuvo una niña, quien tuvo como padre al Sol: un día, la mujer pintada se acostó en un hueco que cavó en la arena. El Sol la vio, fue hacia ella y la preñó con sus rayos luminosos. Esta cría se llamó Ahnt Kai', quien fue la diosa de las mujeres y de los niños. Le gusta volar de noche y mora en una casa blanca situada en la punta de la Isla Tiburón.

De la pareja inicial de la mujer pintada y el hombre que encontró nacieron hombres y mujeres. A lo largo de seis generaciones, los indios se casaron entre hermanos y hermanas. Cada matrimonio procreaba sólo dos hijos: un hombre y una mujer. En la séptima generación nació sólo una niña, quien no se esposó con su hermano porque no lo tenía; por tanto, se casó con el hijo de un hombre de otras generaciones. La mujer procreó doce hijas y de ellas provienen todos los seris. Antes, las familias existentes vivían disgregadas. Gracias a las hermanas, quienes permanecieron juntas, se formó la tribu de los seris por la unión de las nuevas familias.

En estos tiempos iniciales existía un gran carrizo que salía de la Tierra. Cada uno de los nudos de su tallo era un pueblo diferente. Situados en la punta de dicho carrizo estaban los seris. En el primer nudo hacia abajo se encontraban los gringos, luego los chinos, los apaches y los yaquis. Debajo de todos estos pueblos se encontraban los mexicanos. Fuera del carrizo y en otro nudo estaban los pápagos, los históricos enemigos de los seris.

Un día, Dios (se trata del dios cristiano) llegó del Sur y echaba mucho humo. Todos lo vieron por los agujeros de los nudos del carrizo y decidieron salir a su encuentro. Sólo los seris no salieron. El primero en salir fue el pueblo gringo. Todos los pueblos que salieron llevaron regalos a Dios pero no los seris, quienes eran muy orgullosos. Como premio, Dios decidió hacer ricos a todos los que lo honraron. Los mexicanos recibieron comida, casa, ropa, dinero y armas. Los pápagos sólo obtuvieron taparrabos y sandalias. Sin embargo, a los seris no les dio nada y por eso han sido siempre pobres, los más pobres. Y sólo pueden obtener algas marinas que el mar les proporciona.

Los espacios simbólicos

La organización del cosmos se divide en espacios simbólicos superpuestos. La Tierra es el punto central de equilibrio entre el espacio celestial y el Inframundo; es decir, entre los mortales y los dioses. Algunas culturas suelen representarla cuadrada y rodeada por agua. La Tierra simboliza el aspecto femenino del universo. En ésta transcurre la vida de los indígenas, florece la naturaleza y confluyen las fuerzas fecundadoras del cielo y las germinales del Inframundo. Es la morada de los seres humanos, el sitio donde transcurren las acciones que conforman su ciclo de vida; el espacio donde se realiza el trabajo del hombre y, por ende, la organización de su cultura. Es también el gigantesco templo desde el cual se adora a los dioses y a donde llegan las fuerzas benéficas o maléficas de las divinidades.

En el espacio del universo llamado cielo moran los dioses astrales, los que representan fenómenos naturales, la luna, las estrellas, el sol y las almas de algunos muertos. Todos ellos son seres divinos y entes a los que el hombre venera, ama y teme.

El tercer espacio fundamental del cosmos, habitado por dioses a veces malignos y a veces benignos, es el Inframundo. Para los nahuas del norte de Veracruz, el cielo está formado por siete partes orientadas hacia el mediodía, cuando el sol se encuentra en el cenit. Ahí habitan los dioses astrales, los del viento, los del trueno y los de la lluvia. El cielo es el elemento masculino del cosmos, luminoso y fecundador. A su vez, el Inframundo consta de cinco partes, localizadas en el interior de la Tierra. Se presenta como una región húmeda, fría, sin luz, plena de ríos subterráneos y cuevas que comunican con la superficie terrestre. En estas cuevas se guardan las semillas nutricias que han de otorgar al inframundo su carácter simbólico de fertilizador y renovador. Localizado en la parte media, entre el cielo y la tierra, crece el símbolo de la vida: el *xochicuáhuitl*, "el árbol florido", el cual nace en medio de un límpido y transparente lago habitado por coloridos peces y cuyas riberas se engalanan de verdes y frondosas plantas.

El calendario festivo y el calendario agrícola

En las actuales comunidades indígenas, los reguladores de las actividades colectivas son el calendario de fiestas anuales y el agrícola, ambos regidos por el movimiento del Sol. Son éstos los que determinan las etapas de la vida interior y exterior del hombre o lo que es igual, de su vida personal y comunal. El calendario festivo permite celebrar y venerar a las divinidades y establecer las relaciones del hombre con el cosmos. Además, señala el tiempo propicio para realizar los ritos del culto a los antepasados; así como la celebración de fechas que atañen al desarrollo vital del hombre en su transitar por la Tierra pues, al fin y al cabo, el calendario es el símbolo del nacimiento, la muerte y el renacimiento de la naturaleza, según el orden que rigen los dioses. Por otra parte, el calendario agrícola permite determinar las fechas de los fenómenos astronómicos y meteorológicos que dan inicio o término a las tareas agrícolas y a los ritos y ceremonias que traen aparejados. Ejemplifiquemos:

La fiesta de Corpus Christi está relacionada de manera estrecha con la temporada de cosechas y con la abundancia de verduras y frutas. Para los otomíes y mazahuas de Temascalcingo, esta celebración tiene lugar el noveno jueves después del Domingo de Resurrección y está dedicada a la agricultura. En ésta se le pide al señor del agua, Indeje, que nunca falte la lluvia. Ciertos elementos de la fiesta manifiestan reminiscencias prehispánicas relacionadas con la petición a los dioses de la tan necesaria agua y, por ende, de una buena cosecha. Además, la fiesta coincide con la celebrada por los mexicas en honor de los *tlaloques*, en el mes llamado Etzalqualiztli.

Los mexicaneros de Durango, Nayarit, Jalisco y Zacatecas efectúan las *xúravet*, fiestas de carácter agrícola, de propiciación de lluvia y curativas. En éstas se encuentran los símbolos que rigen la vida de los mexicaneros, pues en estos ritos se recrea la mitología del grupo. Las hay dedicadas a los tamales (febrero), al agua (mayo), y a la bendición del elote (septiembre).

Durante la temporada de sequía, los wirrárika, huicholes, realizan una peregrinación a Wirucuta, lugar sagrado donde moran los dioses, con el fin de recolectar peyote para sus ceremonias religiosas, encontrar su comunión con los dioses o "encontrar la vida".

Por su parte, los coras de Nayarit efectúan fiestas dedicadas al cultivo del maíz. Dan inicio en mayo y concluyen en junio. La primera es llamada fiesta de la Chicharra, que se celebra con el propósito de llamar a la lluvia. Le sigue la fiesta de las Primicias, dedicada a reverenciar a los primeros brotes del maíz. Y se termina el ciclo festivo con la fiesta del Maíz tostado, que corresponde a la cosecha.

Basten estos pequeños ejemplos para ilustrar nuestro propósito de acercarnos a la maravillosa y fascinante cosmovisión de la cultura de los pueblos indígenas de nuestro país.

XXIV
Ana María Huarte:
la emperatriz moreliana

De Ana María Josefa Ramona Huarte Muñoz Sánchez de Tagle, guapa, joven, morena, rellenita y llena de gracia —como diría Amado Nervo—, se enamoró José Joaquín de Iturbide, o Itúrbide como antes solía esdrujularse el apellido, sin llegar a pensar que, algún día, por azares del muy caprichoso destino, llegaría a ser emperatriz, no sólo de Valladolid sino de todo México. Se conocieron ambos en la plaza de las Rosas, donde se situaba un colegio destinado a las familias de abolengo de Valladolid. Los días sábado, las niñitas ricas que asistían al dicho colegio acostumbraban pasearse por un balcón que corría a todo lo largo de la planta baja, a fin de que los jóvenes adinerados y garbosos pudieran admirarlas en todo su esplendor. Entre estos jóvenes se encontraba Agustín de Iturbide, vestido de uniforme azul, quien acudía con puntualidad para admirar a Ana María, de la cual se encontraba perdidamente enamorado.

Ana María fue hija del poderoso Isidro Huarte, intendente y destacado insurgente de Michoacán, además de ser la nieta del marqués de Altamira; por tanto, era una niña casi noble. Cuando la muy enamorada pareja decidió casarse, ella tenía sólo 19 años de edad; Agustín contaba con 22. El acto eclesiástico tuvo lugar en la Catedral el 27 de febrero de 1805. Como era costumbre, la novia fue dotada con cien mil pesos, cantidad que para la época era formidable. Con parte de ese dinero, los recién casados compraron una hacienda allá por Maravatío, donde iniciaron sus primeras experiencias matrimoniales.

El nombre completo del novio era Agustín Cosme Damián de Iturbide y Aramburu, nacido el 27 de septiembre de 1783. Provenía de una familia de raíces navarras y cuya estirpe dio inicio en el siglo XIII, a la cual el rey Juan II de Aragón otorgó el título de nobleza. Don José Joaquín de Iturbide, nacido en 1739, emigró a Nueva España en el año de 1766 con el fin de hacer la América; es decir, de conseguir la fortuna que ameritaban sus blasones. Decidió radicar en Valladolid de Michoacán, y ya para 1786, era miembro del Consulado Municipal y había adquirido una hacienda en Quirio. Entonces decidió casarse con doña Josefa de Aramburu y Carrillo de Figueroa. Tuvieron cinco hijos; todos murieron menos Agustín, quien se convirtió en el heredero de la familia. Fue educado de acuerdo con las más estrictas costumbres españolas. Estudió en Valladolid y, a la edad de quince años, su padre lo mandó a administrar a hacienda de Quirio. No pudo acostumbrarse a la vida campirana y en 1797 fue nombrado subteniente, después de estudiar en el Colegio de San Nicolás y en la Academia de Oficiales. Como oficial del ejército español, luchó contra los Insurgentes y tuvo que huir a la ciudad de México, a raíz de la toma de Valladolid en 1810. Acusado de malversaciones por los oficiales del ejército y vencido en la batalla de Cóporo por Ignacio López Rayón, el virrey Félix María Calleja del Rey lo destituyó de su cargo militar. Agustín se refugió en su hacienda y poco después partió a la ciudad de México. Después de muchos avatares revolucionarios que todos conocemos, y de su lucha contra los Insurgentes, sus alianzas, sus traiciones y su participación en la insurgencia al mando del Ejército Trigarante, el 21 de julio de 1822 nuestro personaje fue nombrado Agustín I —"Por la divina Providencia y por el congreso de la nación"—, para perder su cargo de emperador el 22 de marzo de 1823 y partir al exilio rumbo a Europa. Dice la conseja popular que, en el apogeo de su gloria, unas monjas idearon en su honor los famosísimos chiles en nogada, para formar con sus ingredientes la bandera mexicana.

Durante sus años al servicio de los virreyes, Agustín logró bastante fama; mientras su esposa, abnegada y fiel, tenía un hijo tras otro. En una ocasión, la ciudad de Valladolid quiso agasajarla y la recibieron a la entrada de la ciudad con una selecta comitiva y un carro en el que estaba escrita la siguiente octava:

> La que obtuvo esa mano poderosa
> y el mismo que rompió nuestras prisiones,
> Iturbide y su fiel, su digna esposa
> (no busquemos mejores expresiones),
> son sus hijos, ciudad muy venturosa;
> de otra gloria mayor nunca blasones
> ni olvides que esta esposa agradecida
> vuelve al suelo feliz que le dio vida.

El pueblo desamarró las mulas que conducían el carruaje y tomaron su lugar para llevarla hasta la casa de su padre, donde la recibieron las más importantes señoras, que no las mejores, de la ciudad. Ana María se tomó con calma el espectacular recibimiento, y eso que aún no era emperatriz. Lo fue poco después, cuando el Congreso decretó, el 22 de junio, que la corona fuera hereditaria. Entonces se coronó emperatriz a Ana María en la misma ceremonia en la cual Agustín de Iturbide nos convirtió en imperio. Heredaría el trono el primogénito, con el título de príncipe imperial, y los demás hijos que hubiere Ana María serían príncipes a secas. El padre de Iturbide también tuvo derecho al título de príncipe de la Unión y su hermana Nicolasa se convirtió en la princesa de Iturbide. A ambos se les debía dar el título de alteza.

Ana María se convirtió en emperatriz en la Catedral de México, la cual lucía resplandeciente. El obispo de Guadalajara, junto con el de Oaxaca y Durango, llevaron al cabo el rito de la unción mientras el Presidente del Congreso colocó la corona imperial en la cabeza de Agustín, quien, a su vez, coronó a Ana María. Una vez sentada en el trono, la emperatriz escuchó al prelado exclamar en voz muy alta: "¡Vivat Imperator in aeternum!", y la respuesta de los asistentes: "¡Vivan el emperador y la emperatriz!". Después, Ana María y su marido se fueron al palacio de los virreyes, desde cuyo balcón saludaron al pueblo. Para la ocasión se acuñaron monedas en las cuales podía leerse, por un lado, "Agustín y Ana en su feliz exaltación al trono imperial de México", y por el otro, "La patria lo lleva al trono".

Mientras reinó, Ana María vivió en una majestuosa casa de estilo barroco situada en la calle de Plateros, hoy Madero, construida en 1779 por el arquitecto Francisco Guerrero y Torres, la cual es considerada monumento nacional. La investigadora Maribel Zerecero nos dice:

> *Una vez consumada la Independencia de México, el 27 de septiembre de 1821 don Juan Nepomuceno de Moncada ofreció el palacio al victorioso jefe del ejército Trigarante, Agustín de Iturbide, para que lo adoptara como residencia; toda vez que el marqués de Moncada vivía en su hacienda de Jaral. El 18 de mayo de 1822, Iturbide salió al balcón central de este palacio para oírse proclamar Emperador de México; ocupando la casa con*

esta jerarquía hasta el 21 de marzo de 1823, cuando tuvo que aban-
donar la ciudad.

Dicen las crónicas que la emperatriz se portó a la altura de su título
nobiliario, no así Nicolasa, de sesenta años de edad, quien se casó con
un jovencito ambicioso y sinvergüenza llamado Agustín López de Santa
Anna. La emperatriz vivió consagrada a sus hijos, silenciosa y sonriente,
ayudada en sus quehaceres por la camarera mayor, la condesa de San
Pedro del Álamo y su pequeña corte compuesta por la marquesa de
San Miguel Aguayo, la marquesa de Vivanco, la marquesa de Salvatierra
y las condesas de las Presas de Jalpa y de Regla.

Pero las cosas no resultaron como los aristócratas querían y Ana
María, junto con su familia compuesta por nueve hijos y un ex emperador, tuvo que marcharse a Italia, a Liorna, donde habitó durante poco
tiempo en una pequeña casa, pues las intrigas políticas españolas obli-
garon a Ana María y a su esposo a exiliarse de nuevo, esta vez en Inglaterra. Un año después de haber dejado su país, el 11 de mayo de 1824,
la familia regresó a México a bordo del barco *Spring*, el cual arribó al
puerto de Soto la Marina. A poco de llegar, Ana María perdió a su marido, quien fue fusilado en Padilla. Desde esa prisión, Iturbide le envió
una carta por medio del sacerdote que lo confesó. He aquí el contenido
de la misma:

Ana, santa mujer de mi alma: La legislatura va a cometer en mi per-
sona el crimen más injustificado. Dentro de pocos momentos habré
dejado de existir y quiero dejarte en estos renglones para ti y para
mis hijos todos mis pensamientos, todos mis afectos. Cuando des a
mis hijos el último adiós de su padre, les dirás que muero buscando
el bien de mí adorada patria. Huyendo del suelo que nos vio nacer, y

donde nos unimos, busca una tierra no proscrita donde puedas edu-
car a nuestros hijos en la religión que profesaron nuestros padres. El
señor Lara queda encargado de poner en buenas manos, para que
los recibas, mi reloj y mi rosario, única herencia que constituye el
recuerdo de tu infortunado.

Mientras el marido moría, Ana María esperaba en el *Spring* la resolución de lo que sería de ella y de sus numerosos hijos. Se dispuso
que la exemperatriz se exiliara en Colombia, adonde se le enviaría una
pensión anual de viudedad de ocho mil pesos. Pero como no había un
barco que pudiera llevarla en esos momentos, fue trasladada a Nueva
Orleáns, donde nació su último hijo. Después de residir un tiempo en
esa ciudad, e internados algunos de los hijos, Ana María radicó en Baltimore y más adelante en Georgetown, Washington. Su hija Juana decidió profesar en el Convento de la Visitación, donde Ana María acostumbraba ir a descargar sus penas. Allí incluso contaba con una celda
y con un lugar en el coro y en el refectorio, lugares a los que acudía
vistiendo el hábito correspondiente. Como una muestra de agradecimiento, la exemperatriz regaló a la sacristía del convento el magnífico
traje que lució en su coronación, confeccionado con entretejidos de
oro y plata, pues joyas ya casi no tenía por haberlas empeñado en Lon-
dres para poder sobrevivir.

Para 1847 encontramos a Ana María instalada en Filadelfia en com-
pañía de sus hijas y no en buenas condiciones económicas, pues el en-
vío de su pensión anual hacía tiempo que se había detenido, a saber
por qué. Consta en el diario del presidente estadounidense James Polk
una visita que le hiciera Ana María de Iturbide para solicitar su ayuda,
la cual le fue denegada:

Alrededor de las 12 me visitó madame Iturbide, la viuda del que fue emperador de México. La recibí en el salón. La acompañaba miss White, sobrina del difunto general Van Ness, que actuó de intérprete pues madame Iturbide no hablaba inglés. Le interesaba verme respecto a su pensión del gobierno mexicano, que se le concedió a la muerte de su esposo. Le dije que hablaría al secretario de Estado, pero a causa de la guerra entre nuestros países no veo cómo solucionar lo que pide. Madame es una persona interesante.

A Ana María se le murieron dos hijas: aquella que se había metido a monja y otra que se llamaba María Jesús, Chucha para sus amigos y familiares. Se mostró contenta cuando Salvador, otro de sus hijos, contrajo matrimonio con una joven de familia decente: Rosario de Marzán. Sin embargo, le molestó el matrimonio de su hijo Ángel, quien escogió a una gringuita de carácter algo fuerte: Alicia Green, hecho que ameritó que la exemperatriz escribiese a su hijo la siguiente misiva:

Ángel: tu hermana Sabina me ha dicho que por fin has resuelto casarte el sábado. Esta resolución que has tomado me da claramente a conocer que tu cabeza no está en su lugar. Ruego a Dios que llegue esta carta a tus manos a tiempo para ver si te hace retraer del paso que vas a dar. Pero si contra toda mi voluntad estás resuelto a desobedecerme, jamás quiero que siquiera me mientes a esta mujer; y si alguna vez vienes a verme, te exijo palabra de honor por mi tranquilidad y tu decoro de no presentármela nunca. Adiós, Ángel. Ponte en lugar de esta tu afligida, Ana María.

Pero el hijo se casó *malgré tout*. Poco tiempo después, al ya pensar en su muerte, Ana adquirió una cripta en el cementerio de la iglesia de San

Juan Evangelista en el año de 1849. Doce años después moría de hidropesía, un 21 de marzo de 1861. En una carta que dirigió Agustín Cosme a su hermano podemos leer lo siguiente:

> *Muy decente y muy callado, se hizo todo como sin duda ella hubiera deseado. El doctor Peace se encargó de todo y además, este buen amigo de la familia, porque no puede dársele otro nombre, nos ha franqueado el dinero para pagar los gastos del entierro, para hacernos el luto, etcétera, pues creerás que nuestra mamá sólo dejó un peso y cinco centavos, con lo cual se le dijeron dos misas. En el banco mamá tenía ocho acciones y algunas alhajas están guardadas hasta que ustedes lleguen, pues mamá no dejó testamento, por eso nada se ha tocado hasta saber el parecer de ustedes. Te incluyo una trenza de mamacita; es grande por si Agustín Jerónimo quisiera un pedacito.*

Ana María dejó dos nietos, los cuales fueron escogidos por el emperador Maximiliano como futuros descendiente de su trono cuando, a la sazón, Agustín contaba con dos años de edad y Salvador con quince. El destino y la justicia no lo quisieron así, ya que el genio justiciero y militar de Benito Juárez lo impidió. El secretario de Maximiliano de Habsburgo, Luis Blasco, relata este hecho en sus memorias con estas palabras:

> *Como Maximiliano no tenía hijos, y sabía perfectamente que nunca los tendría, había formado el proyecto de adoptar a dos nietos del emperador Agustín de Iturbide. Se convino, pues, que a la muerte de Maximiliano subiría al trono Agustín de Iturbide, el nieto del emperador del mismo nombre, o su primo Salvador. Salvador fue enviado a Europa a continuar su educación con una pensión adecuada a*

su rango de príncipe. Esto se hizo porque su majestad suponía que la mejor forma de gobierno que podía convenir al país era la de la monarquía hereditaria, encarnada en dos príncipes nacidos en México.

Y así termina la semblanza de esta mujer que, como emperatriz, siempre vivió a la sombra de su marido y no tuvo muchas posibilidades de destacarse sino en el papel secundario que la historia le otorgaría. Como dijera Julio Sesto en un libro sobre el amor en América:

> *De las tres emperatrices de México, todas infortunadas, fue ésta la segunda. Ella siguió a la mujer de Cuauhtémoc, porque Moctezuma, de tantas que tenía, no sentó a ninguna en el trono, debiendo habernos dejado a la primera.*

> ¡*Sic transit gloria mundi*! (Esto lo digo yo)

XXV
Doña
Gertrudis Bocanegra de la Vega
y la independencia de México

En un lugar llamado Pháscuaro "en donde tiñen de negro"; Patatzecuaro, "lugar de cimientos o asiento de templos"; Petatzimicuaro, "lugar de espadañas; Petetzecua, "piedra u origen del hombre"; o como nos dice la *Relación de Michoacán*: Tzácapu-Amúcutin-Patzcuaro, que significaría "donde está la entrada al paraíso", lugar adonde iban los muertos; decíamos, en ese lugar nació una mujer de piel blanca, cabello negro y sumamente agraciada que se convertiría en la mujer heroica de esa pequeña y bella ciudad preñada de historia. El nombre de esta dama fue María Gertrudis Bocanegra Mendoza; mejor entorno no podía haber tenido el nacimiento de esta heroína de la Patria que este antiguo centro ceremonial de los antiguos purépecha, adoradores del dios Curucaueri.

Gertrudis nació el 11 de abril de 1765. Sus padres pertenecían a la clase media de la sociedad colonial de Nueva España, misma que, en términos históricos, se desmoronaba por las propias contradicciones que se gestaban en su seno debido a la terrible desigualdad social y económica que se vivía, no sólo en Pátzcuaro, no sólo en Michoacán, sino en todo el México de la preindependencia. Su padre, español de cepa y buen comerciante, se llamó Pedro Javier Bocanegra, y su madre, una bella criolla de abolengo, fue Felicia Mendoza, cuyas tareas en la vida consistían en cuidar de su marido y de su famosa hija.

Gertrudis, a pesar de haber nacido en esa época tan dura para su género —recordemos todo lo que tuvo que pasar sor Juana Inés muchos años atrás para poder estudiar—, era muy inclinada al estudio y a la lectura, lo cual la llevó a conocer a los autores principales de la Ilustración, corriente intelectual de pensamiento que tuvo gran influencia en lo económico, lo político y lo social de nuestro movimiento independiente, y sobre todo en Valladolid y Zamora, por el elevado nivel cultural de dichas ciudades. En Valladolid, nuevas corrientes de pensamiento abarcaron la ciencia y la filosofía modernas. Se estudiaba a Bacon, Copérnico, Newton, Galileo, Kepler y otros científicos más. Así pues, Gertrudis tuvo que haber leído a Diderot, D'Alembert, Rousseau y Voltaire y recibir la influencia de sus ideas. Fue una mujer intelectual.

Se casó con un joven soldado, alférez de los ejércitos reales, que servía al regimiento provincial de Michoacán, de nombre Pedro Advíncula de la Vega, con quien tuvo tres hijas y un hijo, lo cual no le impidió mantenerse al tanto de los avatares políticos que se vivían en la sociedad de principios del siglo XIX ni de los acontecimientos por los que pasaba Europa. Dos días después de que don Miguel Hidalgo y Costilla e Ignacio Allende proclamaron la Independencia de México en el pueblito de Dolores un 16 de septiembre de 1810, Gertrudis en Pátzcuaro y el capitán José María García Obeso, en Morelia encabezaron sendos grupos para unirse a la insurrección. Para esto, Gertrudis ya había hecho labor proselitista para que su marido y su hijo se uniesen a las tropas insurgentes que pasaron por Valladolid en octubre del año mencionado.

Sin embargo, el destino le tenía preparado un fuerte dolor, ya que unos meses después de la partida de marido e hijo, éstos murieron a manos de las tropas realistas. El golpe fue duro para Gertrudis, quien, a pesar de todo, no se amilanó y pudo más el deseo de ver a su patria liberada, por lo que continuó con su lucha insurgente. Su tarea consistió en regresar a Pátzcuaro, de donde había salido para radicar en Valladolid, y servir de apoyo a la causa: llevó noticias, alimentos, dinero y armas para la guerra. Además, se convirtió en un correo excelente de la región Pátzcuaro-Acámbaro y logró formar una formidable red de comunicaciones, eficiente y rápida como lo exigía la lucha armada. Una de sus hijas se casó con un soldado de la insurgencia de apellido Gaona, con quien nuestra heroína luchó, codo a codo, para defender la libertad de la nación.

En su casa se llevaban a cabo las reuniones de los patriotas que deseaban la libertad. Pero siempre hay un traidor y, a causa de uno de ellos, Gertrudis fue apresada en el año de 1818 y torturada con severidad a fin de que delatara a todos los participantes del movimiento insurgente que asistían a dichas reuniones. Nunca confesó ni delató a nadie y mostró su gran calidad de mujer, pero le costó la vida pues fue sentenciada por los realistas a morir fusilada en su amado Pátzcuaro. Dice la historia que, antes de morir, se dirigió al pelotón de fusilamiento y trató de convencerlos de que se sumaran a la causa insurgente. Al pie de un robusto fresno de la Plaza Mayor, Gertrudis cayó muerta el 11 de octubre de 1817.

¿Por qué luchaba doña Gertrudis Bocanegra?

México llevaba tres siglos de dominación española y de una brutal esclavitud del pueblo. Los criollos se encontraban inconformes con su situación social y económica que los ponía al margen de los procesos sociales y en un plano de inferioridad con los españoles. Entonces, dieron inicio a un movimiento de emancipación, en el cual mucho tuvieron que ver la influencia de la Ilustración, la independencia de Estados Unidos de América de Inglaterra y la Revolución Francesa. Además, en 1808, Carlos IV y Fernando VII, abdicaron en beneficio de José Bonaparte, "Pepe Botella", hecho convirtió a España en una especie de protectorado al servicio de los franceses.

Debido a las reformas borbónicas, Nueva España recibió ciertos beneficios económicos, mismos que por supuesto beneficiaban a la alta burguesía, los nobles y los comerciantes. Los criollos se encontraban sumamente molestos con los españoles, a los que el pueblo llamaba *gachupines* con desprecio. En México, como en muchos países de América, existía un descontrol respecto de la dependencia monárquica, ya que para algunos el rey de España aún era Fernando VII y para otros, José Bonaparte. Así las cosas y divididas las sociedades hispanoamericanas, los criollos vieron la oportunidad de beneficiarse y de aprovechar también las reformas borbónicas, que de alguna manera les permitían llevar a cabo ciertas reformas en Nueva España. Así las cosas, el 5 de agosto de 1808, el Ayuntamiento de México propuso al virrey José de Iturrigaray la formación de una junta de ciudadanos que gobernara en nombre de Fernando VII. A lo que diría Luís Villoro, el filósofo, en su libro *El proceso ideológico de la revolución de independencia*:

> *Este ayuntamiento plantea el problema del asiento de la soberanía. Acepta, sin duda, el derecho de Fernando a la corona, y no le niega obediencia; pero introduce una idea que cambia el sentido de su dominio: la soberanía le ha sido otorgada al Rey por la nación, de modo irrevocable. Las abdicaciones de Carlos y Fernando son nulas, pues el Rey no puede disponer de los reinos a su arbitrio.*

Lo planteado en la junta ponía en peligro los tres siglos de dominación, por lo cual los opositores de la Junta destituyeron a Iturrigaray, lo hicieron prisionero y pusieron un virrey pelele que se llamó Pedro de Garibay. Los líderes de la junta fueron encarcelados o destinados al exilio.

La conspiración de Querétaro

En está ciudad, un grupo de intelectuales, comerciantes y militares solía reunirse so pretexto realizar veladas literarias. Formaban parte del grupo el cura Miguel Hidalgo y Costilla, Juan Aldama, Ignacio Allende, doña Josefa Ortiz de Domínguez y su esposo, el corregidor don José Miguel Domínguez. Los conspiradores de Querétaro pugnaban por la liberación absoluta de México del yugo hispano. Sin embargo, el complot fue descubierto, aunque los participantes tuvieron tiempo y oportunidad de escapar a las autoridades coloniales. Avisado Aldama por doña Josefa, corrió al pueblo de Dolores a comunicarle la noticia al cura Hidalgo, quien convocó al pueblo a la lucha al repique de las campanas y al conjuro de los gritos de "¡Viva la Virgen de Guadalupe!, ¡Viva México!, ¡Viva Fernando VII! y ¡Muera el mal gobierno!", el 16 de septiembre de 1810. Así dio inicio el movimiento independentista de México con un improvisado ejército de campesinos sin armas, presos libertados por el cura Hidalgo, que lograron conseguir unas cuantas armas de la armería de Dolores, y todos aquellos que desearon ver a su país libre de sus opresores. Junto con los refuerzos de Allende y de Mariano Abasolo, que no debieron ser mejores, nuestro cura se dirigió a Atotonilco, donde se hizo de un estandarte de la Virgen de Guadalupe para enseguida encaminarse a San Miguel el Grande. A la tropa inicial se sumaron nuevos contingentes, a lo largo de todo su camino por el estado de

Guanajuato. En Celaya, Hidalgo y sus tropas lograron la primera victoria el 20 de septiembre de 1810; se tomó la ciudad y fue saqueada, al tiempo que el cura era proclamado "Generalísimo de América", quien con ello superó en mando a Allende, que no en estrategia militar. La marcha guerrera continuó hasta llegar a la ciudad de Guanajuato el 29 de septiembre; allí sucedió la famosa anécdota de la Alhóndiga de Granaditas, donde se había refugiado el intendente Riaño.

Las batallas continuaron con triunfos para los Insurgentes al llegar a las ciudades de Valladolid y Toluca, muy cerca ya de la ciudad de México. En la Sierra de las Cruces, Hidalgo logró una aplastante victoria sobre las tropas realistas; no obstante, sin explicación alguna, decidió volver a Valladolid y no tomar la ciudad de México.

El genio militar de Valladolid

Se dice que Napoleón Bonaparte exclamó un día: "¡Con cinco generales como Morelos conquistaría el mundo!"; tal fue el genio militar de José María Teclo Morelos y Pavón, nacido en Valladolid el 30 de septiembre de 1765 y muerto en Ecatepec en 1815. Sacerdote también, dio vida a la segunda etapa de la guerra de Independencia. En Charo, Michoacán, Hidalgo lo nombró jefe insurgente, encargado de la zona sur de México, con la misión de tomar el puerto de Acapulco, fundamental para la comunicación con España. De 1811 a 1814 conquistó el sur del país y la parte del centro, donde, en el estado del actual Morelos, se llevó a cabo su más famosa batalla: el sitio de Cuautla. Entre sus acciones más destacadas tenemos: la organización del Congreso de Anáhuac que sesionó en Chilpancingo y que constituye el primer cuerpo legislativo mexicano, congreso en el cual presentó sus *Sentimientos de la Nación* y en cuyo seno se aprobara, el 22 de octubre de 1824, en la ciudad de

Apatzingán, la primera Constitución que tuvo México. Tras varias derrotas fue capturado en Temalaca por el coronel Manuel de la Concha y ejecutado. Así moriría el más grande de los héroes de la Independencia de México.

En sus *Sentimientos*, Morelos pugnaba por:

1° Que la América es libre, independiente de España y de toda otra nación, gobierno o monarquía, y que así se sancione, dando al mundo las razones.

2° Que la religión católica sea la única, sin tolerancia de otra.

3° Que todos sus ministros se sustenten de todos y solos los diezmos y primicias, y el pueblo no tenga que pagar más obvenciones que las de su devoción y ofrenda.

4° Que el dogma sea sostenido por la jerarquía de la iglesia, que son el Papa, los Obispos y los Curas, porque se debe arrancar toda planta que Dios no plantó: omnis plantatis quam nom plantabit Pater meus Celestis Cradicabitur. *Mat. Cap. xv.*

5° Que la Soberanía dimana inmediatamente del pueblo, el que sólo quiere depositarla en el Supremo Congreso Nacional Americano, compuesto de representantes de las provincias de números.

6° Que los poderes Legislativo, Ejecutivo y Judicial estén divididos en los cuerpos compatibles para ejercerlos.

7° Que funcionarán cuatro años los vocales, turnándose, saliendo los más antiguos para que ocupen el lugar los nuevos electos.

8° La dotación de los vocales será una congrua suficiente y no superflua, y no pasará por ahora de ocho mil pesos.

9° Que los empleos sólo los americanos los obtengan.

10° Que no se admitan extranjeros, si no son artesanos capaces de instruir y libres de toda sospecha.

11° Que los Estados muden costumbres y, por consiguiente, la Patria no será del todo libre y nuestra mientras no se reforme el Gobierno, abatiendo el tiránico, substituyendo el liberal, e igualmente echando fuera de nuestro suelo al enemigo español, que tanto se ha declarado contra nuestra Patria.

12° Que como la buena ley es superior a todo hombre, las que dicte nuestro Congreso deben ser tales, que obliguen a constancia y patriotismo, moderen la opulencia y la indigencia, y de tal suerte se aumente el jornal del pobre, que mejore sus costumbres, alejando la ignorancia, la rapiña y el hurto.

13° Que las leyes generales comprendan a todos, sin excepción de cuerpos privilegiados; y que éstos sólo lo sean en cuanto al uso de su ministerio.

14° Que para dictar una ley se haga junta de sabios en el número posible, para que proceda con más acierto y exonere de algunos cargos que pudieran resultarles.

15° Que la esclavitud se proscriba para siempre, y lo mismo la distinción de castas, quedando todos iguales, y sólo distinguirá a un americano de otro el vicio y la virtud.

16° Que nuestros puertos se franqueen a las naciones extranjeras amigas, pero que éstas no se internen al Reino por más amigas que sean, y sólo habrá puertos señalados para el efecto, prohibiendo el desembarque en todos los demás, señalando el diez por ciento.

17° Que a cada uno se le guarden sus propiedades y respete en su casa como en un asilo sagrado, señalando penas a los infractores.

18° Que en la nueva legislación no se admita la tortura.

19° Que en la misma se establezca por Ley Constitucional la celebración del día 12 de diciembre en todos los pueblos, dedicado a la Patro-

na de nuestra Libertad, María Santísima de Guadalupe, encargando a todos los pueblos la devoción mensual.

20° Que las tropas extranjeras o de otro reino no pisen nuestro suelo, y si fuere en ayuda, no estarán donde la Suprema Junta.

21° Que no hagan expediciones fuera de los límites del reino, especialmente ultramarinas; pero (se autorizan las) que no son de esta clase,(para)propagar la fe a nuestros hermanos de Tierra dentro.

22° Que se quite la infinidad de tributos, pechos e imposiciones que nos agobian, y se señale a cada individuo un cinco por ciento de semillas y demás efectos u otra carga igual, ligera, que no oprima tanto, como la alcabala, el estanco, el tributo y otros; pues con esta ligera contribución, y la buena administración de los bienes confiscados al enemigo, podrá llevarse el peso de la guerra y honorarios de empleados.

23° Que igualmente se solemnice el día 16 de septiembre todos los años, como el día aniversario en que se levantó la voz de la Independencia y nuestra santa Libertad comenzó, pues en ese día fue en el que se desplegaron los labios de la Nación para reclamar sus derechos con espada en mano para ser oída; recordando siempre el mérito del grande héroe, el señor Dn. Miguel Hidalgo y su compañero Dn. Ignacio Allende.

Porque estos ideales se cumplieran y porque México fuera un país libre donde reinara la igualdad luchó doña Gertrudis Bocanegra, y por ello dio la vida además de perder a su esposo e hijo.

XXVI
De cómo nació
la ciudad de Morelia

Antecedentes

No conocemos con certeza el origen del pueblo purépecha, como tampoco el de su idioma. Sin embargo, parece ser que la actual etnia deriva de una mezcla de grupos chichimecas, nahuas, y pretarascos que habitaban las orillas del lago de Pátzcuaro hacia las postrimerías del siglo XII. Anteriormente, en el siglo VII d.C., se establecieron asentamientos humanos en el llamado valle de Guayangareo, "loma larga y achatada", relacionados con grupos teotihuacanos. Según cuenta la leyenda, en su peregrinar, los pretarascos vieron junto al lago de Pátzcuaro cuatro piedras, que según los dioses señalaban el lugar indicado para asentarse. Lo llamaron Zacapu Amacutin Pátzcuaro, que significa "donde están las piedras a la orilla de la negrura", negrura que representa el Inframundo, donde se encuentra el lugar donde se creó al hombre con ceniza y sangre que el dios Curacaveri hacía brotar de sus orejas. Los purépecha-uanacaze se establecieron en Tzintzuntzan, Pátzcuaro y Ihuatzio, para extender su poderío por el río Balsas, Zacatula, Colima, Jalisco y Guanajuato. Asimismo, se aliaron con los matlatzincas, que habían llegado al valle entre los siglos XII al XV para luchar contra los mexicas.

Matlatzincas es el nombre con que los designaron los mexicas, y significa "los señores de las redes"; el vocablo viene de *mátlatl*, "red"; *-zintil*, "partícula reverencial"; y *-catl*, "gentilicio". Fueron los purépechas quienes llamaron *pirindas* a los matlatzincas, o sea, "los de en medio". A su población la llamaron Patzinyegui.

Si nos atenemos a la tradición oral, podemos decir que los purépecha consideraban con su lugar de origen una comunidad denominada Tzácapu. El apogeo de su cultura da inicio con la fundación de Pátzcuaro, por uno de sus más famosos reyes llamado Tariácuri, sacerdote del viento y representante de Curicaveri sobre la tierra, el dios más importante del panteón purhé. Este aguerrido rey se dio a la tarea de reunir a todos las tribus purépecha cercanas al lago y formó una liga tripartita, cuyas capitales fueron Tzintzuntzan, Ihuatzio y Pátzcuaro. Al poco tiempo tomó el poder Tzitzi Phandácuere, sobrino nieto del rey, y con él la liga tripartita llegó a su apogeo. Este rey era un buen guerrero, quien peleó con tenacidad contra los mexicas y extendió su territorio hasta las fronteras con Colima. Sin embargo, cuando Tangaxoan Tzíntzicha, hijo de Tzitzi, sucedió a su padre, el imperio empezó a decaer. Este gobernante fue llamado por los aztecas con el nombre de Caltzontzin, Sandalia Rota, apodo que se le pusiera porque cuando se presentó ante los españoles en la ciudad de México, y según el protocolo purépecha, llegó vestido con harapos como símbolo de humildad. En 1532, Tangaxoan II murió en la hoguera a manos de Nuño de Guzmán, aun cuando ya se había convertido al cristianismo, y por la misma razón por la que murió Cuauhtémoc: por un tesoro inexistente, mismo que ya había sido saqueado por Cristóbal de Olid en su primera visita a territorio purépecha.

A pesar de los ruegos de las embajadas mexicas, en 1520, que se habían dirigido al rey Zuangua, el vencedor de los ejércitos de Moctezuma, para solicitar su ayuda en la lucha contra los invasores blancos que ya preparaban el sitio de Tenochtitlan, el rey purépecha se negó su apoyo militar. Lo mismo hizo su hijo Tangaxoan, a la muerte de su padre, cuando acudieron al reino tarasco diez nobles aztecas, quienes sólo encontrarían la muerte y no la ayuda en manos de los poco cooperativos purépecha.

La caída

Nuño de Guzmán inició la conquista de Michoacán en 1521 sin enfrentar ninguna resistencia guerrera por parte de los indígenas, debido a las amenazas que hiciese Olid a la embajada que mandó el rey, encabezada por su hermano Cuinierángari, de masacrar a todos los habitantes de Michoacán en caso de oposición de los indígenas. El 25 de junio de 1522, Cristóbal de Olid y sus sanguinarias huestes españolas tomaron la ciudad de Tzintzuntzan, sin ninguna oposición de Tzinzicha Tangaxoan. El *cazonci* Tangaxoan II ordenó a su hermano Cuinierángari que acompañase a Olid en sus recorridos, para estar al tanto de todos sus movimientos y darle gusto en todo lo que pidiera. El *cazonci* Tangaxoan hospedó a Cristóbal de Olid en uno de sus palacios.

Al comprender la barbarie de Olid, el *cazonci*, atemorizado, huyó a Pátzcuaro para ocultarse del conquistador. Sin embargo, pronto resintió las amenazas del español y tuvo que someterse a todos sus caprichos y ambiciones, como entregar oro a cambio de que el indígena conservara su puesto de gobernante de los purépecha. Poco le duró el gusto ya que, en 1530, Nuño de Guzmán quemó en la hoguera a Tangaxoan.

Consumada la conquista, en el año de 1531 llegaron los franciscanos Juan de San Miguel y Antonio de Lisboa, quienes evangelizaron a los naturales del valle de Guayangareo. Así se construyó el primer asentamiento español que fue el Convento de Buenaventura; dos años más tarde llegaba don Vasco de Quiroga con la finalidad de construir una ciudad para los españoles y defender a los indígenas de las vejaciones sufridas por Nuño de Guzmán. Don Vasco ubicó la ciudad española cerca de Tzintzuntzan, donde se constituyó un cabildo. El 8 de agosto de 1536, el rey Carlos V, autorizado por el sumo pontífice, redactó un documento para la creación del Obispado de Michoacán, de acuerdo a la Bula *Illios fulciti* emitida por Pablo III. Un año después, por Cédula Real del 20 de septiembre, se ordenó la construcción de una catedral en el lugar donde al obispo se pareciere mejor. No se pensaba en Tzintzuntzan, por los inconvenientes que presentaba, pero don Vasco tomó la iniciativa y decidió que el lugar apropiado para la edificación de la catedral es Pátzcuaro, uno de los barrios de Tzintzuntzan. Esta decisión no gustó a los españoles, quienes opinaban que no había suficiente tierra para los cultivos y la cría de ganado; además, alegaban que había muchos asentamientos indígenas.

Durante una visita del virrey de Nueva España don Antonio de Mendoza —quien gobernara en territorios mexicanos entre 1535 a 1549—, a Michoacán, los encomenderos españoles, inconformes, le expusieron que no les parecía adecuada la construcción de la ciudad en Pátzcuaro, y éste les otorgó la razón. Así las cosas, los españoles le escribieron a la reina de España, Juana, llamada la Loca, a fin de que la ciudad de Michoacán se reubicara a Guayangareo. La reina dispuso entonces que se fundara la villa de los españoles, en 1537, con el nombre de Valladolid, ciudad donde se expidiera la Cédula Real de su fundación. La tal cédula decía que en la villa debían establecerse sesenta familias españolas y nueve religiosos para "impedir los desmanes de la gente bárbara". Así, el virrey expidió la provincia virreinal y el 18 de mayo de 1541, a las ocho de la mañana, se fundó la villa de la Nueva Mechuacán, siendo los comisionados el escribano público y de Cabildo Alonso de Toledo y los jueces Juan de Alvarado, Luis de León Romano y Juan de Villaseñor, quienes tomaron el valle de Guayangareo y fundaron la mencionada ciudad:

En el valle que se dice de Guayangareo, de la provincia de Mechoacán de esta Nueva España, encima de una loma llana e grande del dicho valle que está entre dos ríos, por la una parte hacia el Sur el río que viene de Guayangareo, y por la otra parte hacia el Norte el otro río grande que viene de Tiripetío, en miércoles diez y ocho días del mes de mayo, año del nacimiento de nuestro Salvador Jesú (sic) Cristo de mil quinientos é cuarenta é un años, podía ser á hora de las ocho antes de medio día... para asentar y poblar la ciudad de Mechoacán é repartir los solares a los vecinos que son é serán de aquí en adelante, con huertas é tierras para hacer sus heredades y granjerías, como su Señoría Ilma. Les es mandado, y en cumplimiento de ello se apearán de sus caballos en que venían, é se pasearon por el dicho sitio de ciudad de una parte a otra, hollándola con sus pies é cortando con sus manos las ramas é yerbas que allí había é mandado a ciertos naturales limpiar el asiento de plaza, Iglesia, Casa de Cabildo é Audiencia é Cárcel é carnicerías todo en señal de verdadera posesión de ciudad De Mechoacán, todo pacífica y quietamente sin haber ni parecer persona alguna que lo contradixiese ni perturbase ; y me pidieron se lo diese así por testimonio: testigos que fueron presentes á lo dicho es, el señor Pedro de Fuentes. Alcalde é los Señores Juan Pantoja é Domingo de Medina, Regidores de la ciudad de Mechoacán é Nicolás de

Palacios Ruvios é Pedro de Monguía é Juan Botello é Martin Monje,
vecinos de la dicha ciudad de Mechoacán é otros muchos caciques é
principales y naturales de esta Provincia.— Juan de Villaseñor.— Luis
de León Romano.— Ante mí Alonso Toledo, Escribano del Cabildo.

Aunque la ciudad se cambió de lugar, los poderes civiles y eclesiásticos siguieron en Pátzcuaro hasta poco después de la muerte de don Vasco, cuando por Cédula Real pasaron el Ayuntamiento de Michoacán y la sede de Justicia, a Valladolid el 25 de diciembre de 1575. Para 1580, el obispo Juan de Medina Rincón trasladó la sede de la diócesis de Pátzcuaro y el Colegio de San Nicolás Obispo, que fuera fundado por Tata Vasco. La ciudad empezó a progresar a gran velocidad: surgieron hermosos edificios civiles y eclesiásticos, como la Catedral en 1660, y el primer acueducto que dirigió, en 1657, don Lorenzo de Lecumberri.

Don Vasco de Quiroga, quien no estaba de acuerdo con lo sucedido, protestó ante el Papa porque su autoridad de obispo había sido menoscabada, y en 1547 viajó hasta Europa para presentar una apelación ante la Corte. Sin embargo, nada pudo lograr pues las circunstancias le fueron adversas al principio, y cuando ya creía haber conseguido su propósito, murió y quedó vacante su puesto durante cerca de dos años, cuando le sucedió don Antonio Morales de Molina, quien ya no continúo la tarea de Tata Vasco.

En 1553, (otras fuentes mencionan el 19 de septiembre de 1537), las autoridades reales otorgaron un escudo a la ciudad, por Cédula Real, que a la letra dice:

Dn. Carlos, por la Divina Clemencia Emperador semper augusto,
Rey de Alemania y Doña Juana su Madre y el mismo D. Carlos...
Por cuanto vos Antonio de Mendoza, nuestro virrey, gobernador

y capitán general de la Nueva España, nos pedisteis y suplicasteis
que en remuneración de vuestros servicios le hiciésemos merced a
la nueva ciudad de Valladolid que fundasteis y poblasteis en esa
tierra, de mandarle dar por armas un escudo hecho en tres partes, y en
cada una de ellas una persona real coronada, vestida de púrpura
en campo de oro encima de dicho escudo, y en partes con algunos
colores a manera de piedras azules, encarnadas y verdes y por orla
unos afollajes de negro y oro con sus trascoles y dependencias, ó
como la nuestra merced fuese. E visto por los de nuestro Consejo de
Indias, tuvímoslo por bien; por ende á los dichos vuestros servicios y
porque sea mayor privilegio la dicha ciudad a más de las mercedes
que le tenemos concedidas, por la presente le hacemos la merced
de las dichas armas de suyo declaradas, en un escudo á tal como
este, según aquí va pintado y figurado las cuales le damos é conce-
demos a la dicha ciudad de Valladolid, por sus armas conocidas; y
queremos y es nuestra merced é voluntad, que las haya y tenga y se
pueda poner en las casa reales y de cabildo, y en las demás partes
públicas...

Por tanto problema como había con la decisión de cuál sería la ciudad a
pesar de las cédulas reales, durante el siglo XVI la ciudad no creció mucho. Para 1580, tan sólo había en ella diez casas de españoles, y los conventos de San Francisco y San Agustín. El obispo Quiroga dijo que en
1545 los habitantes eran treinta, pero que de ellos la mitad se había ido
a vivir a sus haciendas La traza corrió a cargo de don Antonio de Godoy
y del alarife (arquitecto) Juan Ponce, quien con seiscientos pesos oro
levantó las primeras casas. La dificultad estuvo en encontrar mano de
obra, pues los indígenas de Guayangareo se negaban a servir a quienes
los habían despojado de sus tierras.

En los primeros años la ciudad se asentó en los barrios de la Aldea, San Francisco y Capuchinas, los cuales se encontraban en medio de asentamientos indígenas: al Oriente, San Pedro; al Sur, Santa Catarina y la Concepción; al Poniente, Chicácuaro y el Milagro, y los Urdiales, San Juan y Santiaguito al Norte.

Según cuenta la tradición, la primera casa fue la de don Francisco de Albornoz, llamado "el Viejo", la cual desapareció en 1903 cuando la derrumbaron. Las otras casas que se construyeron en estos primeros años de la Colonia no llegaron al siglo XX, pues todas se quitaron o modificaron. Sin embargo, del periodo colonial en general quedan la catedral de Morelia, el palacio de Gobierno, el palacio Clavijero, multitud de templos y conventos, las casas del Colegio de San Nicolás de Hidalgo, el Conservatorio de Música de las Rosas, etcétera.

El traslado del Colegio de San Nicolás Obispo desde Pátzcuaro y la llegada de órdenes religiosas propiciaron la construcción de conventos y monasterios: el de Santa Catarina de Sena en 1595; en de los frailes mercedarios en 1604; el de los monjes carmelitas en 1595. A finales del siglo XVI y durante el XVII, la ciudad creció mucho y se dio inicio a la construcción de la Catedral, bajo la dirección de Lorenzo de Lecumberri; así como las obras de lo que sería el primer acueducto y construcciones de carácter civil. En el siglo XVIII se terminó de construir la Catedral y surgió el Colegio de Santa Rosa María, que fuera el primer conservatorio de música de América, gracias al papa Benedicto XV.

En 1773, el virrey Antonio Bucareli permitió que Valladolid se convirtiera en la capital de la provincia de Michoacán. El 4 de diciembre de 1786, Nueva España se dividió en intendencias, por Cédula Real, y Michoacán fue una de éstas. Su primer intendente fue don Juan Antonio Riaño.

El 12 de septiembre de 1828 la ciudad ya independiente dejó su nombre colonialista y tomó el de Morelia, en honor al insurgente don José María Morelos y Pavón. Existen algunos sobrenombres con los que se conoce a la Ciudad de Morelia: la Rosa de los vientos, la Ciudad de la cantera rosa, el Jardín de Nueva España y Morelia del sagrado corazón de Jesús.

XXVII
La metalurgia purépecha: tiripiti, tayácata y tiyahu charápeti

> (El *calzotzin*) *Una tenía cargo de guardar todas sus joyas,*
> *como eran bezotes de oro y de turquesas y orejeras de oro y brazaletes*
> *de oro; llamábase ésta* chuperi pati *y ésta tenía otras mujeres consigo.*
> *Relación de Michoacán*

Los inicios de la metalurgia en el mundo

La metalurgia es una ciencia que permitió al ser humano obtener y tratar los metales por medio de diversas técnicas, incluso la producción de aleaciones. Sabemos que el primer metal que el hombre trabajó fue el cobre, dada su facilidad para manejarlo. Esto sucedió durante el periodo calcolítico que es una época prehistórica correspondiente a la Edad del Cobre, fase intermedia entre el Neolítico y la Edad de Bronce, que duró de 18000 a 300 a.C. y que dio inicio a una nueva etapa evolutiva del ser humano, en tanto constructor de cultura. Los primeros trabajos que se encontraron fueron en Tell de Sialk, en Irán, y el Cayönü Tepesi, en la zona de Anatolia. El cobre se trabajaba en frío, por medio del martilla-do, o bien en caliente, a fin de aumentar su maleabilidad y su dureza. En lo que se refiere a América, la metalurgia surgió también con los trabajos elaborados con cobre en los Grandes Lagos de Estados Unidos de América, entre 4,000 a.C. y 1,000 d.C. El metal se obtenía de los yacimientos situados en la isla Royale. Mucho más al Sur, en nuestro mismo continente americano, los antiguos peruanos elaboraban objetos de plata, cobre y oro, recolectado de la arena de los ríos.

En nuestro país, el desarrollo de la metalurgia dio inicio hacia el año 800 d.C., aun cuando la explotación minera subterránea apareció en los periodos clásico temprano y medio. Algunos investigadores afirman que el arte de la metalurgia llegó a México desde Centro y Suramérica, a Oaxaca, Michoacán y Guerrero vía marítima, para después difundirse por toda Mesoamérica. El cobre fue el primer metal que se empleó. La industria metalúrgica inició en la zona septentrional de los Andes, en lo que en la actualidad conocemos como Colombia y Ecuador, alrededor de 1200 a.C., y en Perú y Chile se calcula que se inició en 1000 a.C.

La metalurgia en Michoacán en el postclásico (1000-1521 d.C.)

Fue también el cobre el primer metal que se utilizó en nuestro país. Se le empleó mucho para hacer todo tipo de aleaciones con oro, plata, zinc, plomo y estaño para obtener bronce. En un principio, los metales no se conseguían por medio de la excavación de túneles sino que se buscaban a ras del suelo, para encontrar las vetas que llegaban a la superficie. En la zona de la Laguna del Infiernillo se han encontrado minas de cobre que estuvieron en explotación durante el periodo del último *calzonci*, mismas que se manejaban a tajo abierto; es decir, buscando la veta a nivel superficial. Las paredes de la veta se partían con cuñas de maderas o de cuernos de animales para lograr que las piedras se desprendieran de la pared. En este sitio arqueológico se encontraron mazos y molcajetes de piedra para moler el mineral, llamados *tiquiches*. Asimismo, se encontró una mesa tallada en la piedra que servía para la molienda. En el sito arqueológico de Chumuco trabajaban veinte fundidores, quienes recogían un promedio de medio celemín de polvo y piedra verde, de la cual obtenían el cobre. El celemín es una medida de capacidad para cereales y semillas, que se dividía en cuatro cuartillos. Después de extraído, lo fundían por medio de soplar por unos canutos para mantener el fuego y hacían unos lingotes de alrededor de veinte centímetros de largo, quince de ancho y seis de alto. A estos lingotes los llamaban *xeme*, mismos que tenían un peso aproximado de 4.5 kilos. Como la obtención era efectuada por pepena, el mineral no estaba muy contaminado y los componentes extraños que aparecían se dejaban porque formaban parte de la composición deseada. Los fundidores de cobre no trabajaban sólo en ello, sino también eran labradores que tenían cerca del cerro sus milpas de labor y sólo extraían el mineral cuando el jefe supremo lo requería.

El gobernante supremo de Tzintzuntzan, por ejemplo, contaba con personas que organizaban el buen funcionamiento de las minas más importantes; mismas que se encontraban hacia el sureste del imperio, hacia Cutzamala, Coyuca Ajuchitlán y Pungarabato. Sin embargo, existían otras minas hacia el Occidente, cerca de Tuxpan y Zapopan. Otra forma de obtener metales consistía en el pago de los tributos que obtenían de Sinagua, La Huacana, Turicato y Cualcomán.

Los metales extraídos de las minas se conducían a talleres donde se fundían y se formaban lingotes, que después eran enviados a depósitos localizados en la cuenca del lago de Pátzcuaro para ser custodiados por los encargados del tesoro, quienes con rituales y ceremonias especiales, a los que acudía el *cazonci*, entregaban los lingotes a los plateros para que, con su divino arte, los transformaran en joyas para la realeza.

Con los metales se elaboraron objetos de uso práctico en la vida diaria y adornos. Entre los primeros podríamos mencionar: azadas, coas, punzones, cinceles, agujas, alfileres, anzuelos y otros muchos más. Como adornos tenemos: cascabeles, brazaletes, anillos, uñas, pectorales, *cactlis*, etcétera.

Las técnicas que se emplearon en el Michoacán antiguo fueron de dos tipos: las técnicas en frío (grabado, repujado, laminado, uniones mecánicas y pulido; más otras técnicas complementarias como el chapeteado, la incrustación, el embutido, el forrado, el engastado y la coloración por medio del templado); y las técnicas que empleaban calor: destemplado, hiladura, fundición y vaciado y licuación, técnica que incluye el fundido. Éste se hacía en braseros, especies de crisoles, y no existían los fuelles, como ya hemos mencionado, sino los canutos para soplar y avivar el fuego.

Dos de las técnicas que utilizaban los artistas purépecha eran el martillado y el laminado, que son dos técnicas de trabajo en frío. Sobre pequeños bancos de madera o piedra se golpeaba el metal hasta lograr láminas tan delgadas que podemos medir en milímetros. En la lámina se trazaban los cortes deseados, según para lo que fueran a servir, y luego empleaban la técnica de repujado, para decorar con figuras, grecas o lo que el artista deseara; esta técnica decorativa a veces se acompañaba de filigrana y soldadura, cuando se requerían. Una tercera técnica empleada por los indígenas fue el fundido, para lo cual se usaban hornos cuyo calor se mantenía soplando por unos tubos. Ya fundido el metal, se vaciaba en moldes de barro cocido para crear el objeto que se quería. Entre los orfebres de Pátzcuaro se empleó la técnica de la cera fundida para elaborar anillos, cascabeles, aretes y colgantes con forma de animales preciosamente elaborados.

El conocimiento de los purépecha en relación con nuestro tema sobresalió en sus trabajos con la plata, el oro y el cobre, cuya principal producción consistió en joyas y adornos. Los purépecha realizaron los primeros trabajos en bronce que se conocieron en Mesoamérica, con el cual fabricaron implementos de trabajo y armas. Este descubrimiento mucho les ayudó a rechazar los continuos ataques bélicos mexicas, quienes nunca emplearon el metal para hacer armas. Para elaborar el bronce, que es una aleación de cobre y estaño, los purépecha debieron tener muy buen conocimiento de ciertas técnicas, tales como la molienda del óxido de estaño y la obtención de estaño metálico, el cual no se encuentra puro en la naturaleza sino en estado de óxido (casiterita), y saber fundirlos juntos sin riesgo a perder alguno por efecto de la oxidación.

En un número de la revista *México Desconocido* podemos leer:

> *La notable distinción de la metalurgia purépecha consiste en que no sólo produjeron ornamentos, pues el cobre sirvió también para fabricar armas y herramientas de la vida cotidiana; los ejércitos de Michoacán eran prácticamente invencibles gracias a que usaban hachas de guerra y puntas de proyectil, mientras que los campesinos, leñadores y pescadores contaban con hachas, azadones y anzuelos para facilitar su labor. De igual manera, en aquellos talleres se conoció el uso del bronce, el cual superaba en dureza al cobre. (S/n, s/f)*

Tres fueron los metales preferidos por los purépecha: el oro, *tiripiti* o excremento del dios Sol; la *teyácata*, proveniente de las excrecencias de la diosa lunar Xaratanga, y el cobre, llamado *tiyahu charápeti*. Cuando no había mucho oro, las piezas deseadas se hacían de cobre al que luego bañaban en oro; a este proceso lo llamaron *tumbaga*. De ahí debe provenir el famoso dicho de "sacar el cobre".

La joyería purépecha en plata

Además de las armas y de las joyas que hicieron los indios, también elaboraron herramientas para cubrir las necesidades de la vida cotidiana. Es importante mencionar que los purépecha conocían las pinzas para depilar, a las cuales llamaban *petamuti*. Las había de grandes dimensiones y se utilizaban colgadas al cuello. Eran como dos lengüetas con las puntas redondeadas. Eran bellamente decoradas y algunas han llegado hasta nuestros días, confeccionadas en plata.

Son muy famosas las joyas que se elaboran en Pátzcuaro porque aún se hacen de acuerdo con las técnicas prehispánicas: por completo a mano a base de forja. Los artesanos plateros utilizan plata de 925 gramos (que es más manuable y permite hacer piezas más grandes y sólidas), y de 800 gramos. Los pasos requeridos para fabricar una pieza de joyería son: obtener la plata en polvo o en terrones pequeños, limpiarla perfectamente y fundirla sobre un pedazo de carbón vegetal, con ayuda de un soplete de petróleo o alcohol y una boquilla. Si la plata no obtiene la temperatura requerida, se fractura. Mediante una máquina de rodillos, la plata fundida se convierte en una laminilla del grosor que uno desee. La máquina tiene un riel movible; así, cuando se quiere obtener un hilo, se pone el riel del tamaño que se desea. Todo el trabajo se realiza sobre un "burro" de tensión fabricado de madera y auxiliado de mecates. Cuando se obtiene la lámina, se fragua y se procede a hacer la pieza que se quiere, con la ayuda del hilo de plata. Luego la pieza se bruñe y pule, para luego decorarla con coral, porcelana, colorín y azabache, aunque estos dos materiales ya no se emplean en la actualidad.

El pueblo purépecha no hace sus joyas con el solo objeto de adornarse, sino que su elaboración y uso tienen una connotación de carácter ritual. Por ejemplo, hay collares que son de compromiso entre las parejas y de boda, en varios modelos; la arracadas que luce la novia son del pueblo de donde procede el novio. El anillo llamado *tumbigón* (anillo de novios) es el más preciado porque servirá para toda la vida.

De ahí que de Pátzcuaro sean famosos los collares de pescados y las arracadas. Huetamo y Uruapan se destacan por sus trabajos en oro. En Huetamo existen cerca de cuarenta talleres familiares que ocupan a setecientos trabajadores. Son muchos los lugares donde se trabajan los metales en Michoacán; citemos algunos: en Puruándiro se elaboran imágenes religiosas talladas en laminillas de oro; en Morelia, joyería variada, lo mismo que en Angangueo, Santa María Tlalpujahua, Tzitzio, Zitácuaro, Cherán, Tzurumutaro, Santa Clara del Cobre y Tacámbaro (famosa por su filigrana).

Esta edición se imprimió en febrero de 2011,
en Acabados Editoriales Tauro, S.A. de C.V.
Margarita No. 84, Col. Los Ángeles,
Deleg. Iztapalapa, C.P. 09360, México, D.F.